大展好書　好書大展
品嘗好書　冠群可期

大展好書　好書大展

品嘗好書　冠群可期

運動遊戲 16

# 新編小學生健身活動

毛振明　主編

大展出版社有限公司

主　編：毛振明

副主編：白榮正　馬　凌　王文生

編　者：王皋華　駱秉全　李　捷　張慶新
葉　玲　蓋清華　丁天翠　李忠誠
梁鳳波　溫君慧

# 前　言

針對當前城市青少年身體發展和運動能力發展中的種種問題，特別是針對學生身體發展中的「硬」（韌帶關節僵硬）、「軟」（肌肉柔軟）、「笨」（身體動作不協調）、「暈」（前庭器官發育有問題）等問題，從2000年起北京市開始推進了旨在發展學生身體活動能力、促進學生身體健康的「小學生健身工程」，並進行了大量的研究。

作為第一批研究成果，「小學生健身研究」課題研究組於2002年選編了150多個既有趣又安全的身體練習項目，經過北京通州區和宣武區的18所學校實驗後向北京市各學校推廣，並由高等教育出版社出版了《小學生健身活動——教師指導用書》。該書出版以後受到了北京市乃至全國中小學教學第一線的體育教師的熱烈歡迎，隨後電化教育音像出版社又將這批活動內容拍攝成錄影，為全國提供了一個鍛鍊小學生身體的新思路，也豐富了小學生健身的內容。

為了進一步推動北京市乃至全國的小學生健身活動，為了應答廣大體育教師對進一步編寫健身內容的要求，現又繼續編選了一批小學生健身活動內容。這些內容仍然是在趣味性、安全性、健身性和可行性四個基本原則下編寫的。此次的內容與上一批健身內容

一脈相承，是對第一批內容的補充和完善。

各學校的體育教師可將本書中的練習內容用在體育課中和課外鍛鍊學生身體活動中，也可編成遊戲為體育教學服務，但一定要注意根據學生身心特點來選擇使用這些內容，並使這些練習與學校的體育設施和器材相結合。

練習中要充分注意安全，並循序漸進地鍛鍊學生身體，把這些練習作為教學內容資源開發的一部分，很好地為當前的體育課程與教學改革服務。

本書的練習內容還有待於在學生的課內外實踐中進行檢驗，在內容的具體實施過程中也難免會遇到一些新的問題，請各校的體育教師在實際使用中予以靈活應用，並充分發揮自己的創造性。如果有好的建議，請提供給我們，如果有不妥之處，請予以批評指正。讓我們繼續努力，使學生健身動作內容體系更加豐富、充實和有效。

毛振明

# 目　錄

# 一、移動類練習

## 初級練習

### ① 走圓木

**動作方法：**練習者雙腳前後開立、雙臂側平舉站立在圓木上，用最快的速度從圓木的一端走到另一端，測出所用時間，共測 10 次，並找出所用的最短時間和最長時間。

**要點：**調整好心態，雙目平視，注意身體重心穩定。初級練習者可以先走平衡木，然後再走圓木，可以先低頭看著圓木走，以免掉下圓木。

**練習建議：**注意行走路線及身體的平衡；注意心理素質的培養。

**練習量：**走 10 次為 1 小組。初級：連續做 2 小組為 1 大組，共 3 大組，其目的是鞏固學生的動作。中級：連續做 3 小組為 1 大組，共 3 大組。高級：連續做 4 組為 1 大組，共做 3 大組。

**安全提示：**初級練習者應有人在旁保護，以免發生事故，可在圓木下鋪上墊子；要使練習者保持平常心態，注意心理素質的培養。

## ② 弓箭步走

**動作方法：**弓箭步走是發展大腿前後肌肉群柔韌性及髖關節靈活性的較好的練習。進行練習時，前腿彎曲，後腿伸直，同時挺胸、塌腰，身體重心儘量下降，兩腿充分分開。兩腿交換時，後腿屈膝前擺，注意送髖，前腳用力蹬地。

**練習建議：**可以在每次弓箭步走結束後再跑 50 公尺，或者與高抬腿跑、小步跑結合起來練習。

**練習量：**走 50 公尺左右為 1 組，每次練習 2～3 組，每週練習 1～2 次。

**安全提示：**練習前應活動好髖關節、膝關節。

## ③ 海豚爬行

**動作方法：**用嘴叼住氣球趴在地上，兩臂伸直，練習者兩臂交替前撐，拖著身體前移。要求用兩臂交替前撐，拖著身體前移，兩腿不得用力。

**練習建議：**同時可以進行快速反應練習，如在練習者爬行時，教師發令快速起身、向前跑等。

**練習量：**以 15 公尺為基數，每練習 1 次後加量。

**安全提示：**在平整光滑的場地上練習。

## ④ 跨樓梯

**動作方法：**跨樓梯與跑樓梯的區別是：「跑」的用力方向是後蹬，主要是後支撐腿的股四頭肌和小腿肌群產生

動力；而「跨」在於向前上跨的腿儘量多跨幾級臺階，在大腿基本抬平的情況下，強調下壓臺階，使身體向前、向上，用力點在股後肌。

**練習建議：**練習時節奏要慢些。

**練習量：**每組累計跨 50 次臺階，每次練習 2～3 組。

**安全提示：**注意避免肌肉拉傷。

## ⑤ 划　船

**動作方法：**兩人一組，面對面相互坐在對方伸出的腳面上，兩手互相抱住對方的兩臂，形成小船狀，交替移動兩人的雙腳，讓小船向

前行進。

**練習建議：**小船划行中兩人的臀部不得離開對方的雙腳面。

**練習量：**每組向前後各划行 30 公尺，每次 2～3 組。

**安全提示：**注意相互配合，上下肢協調用力。

## ⑥ 坐膝走

**動作方法：**前面人坐在後面人的左膝上，後面人雙手搭在前面人的肩上。各隊在口令或喊號的指揮下相互配合，左右腳交替向前移動前進。

**練習建議：**可採取分隊比賽，也可採取不分隊比賽。不分隊比賽可利用足、籃、排球場的線、點、圈進行。發展下肢力量，培養學生集體主義精神。

**練習量：**共同前進 6～8 分鐘。

**安全提示：**練習前，活動膝關節；活動結束後，注意放鬆。

## ⑦ 後扒划跑

**動作方法：**原地練習時，雙人合作搭肩（或單人扶牆扶欄）進行。要求身體向前傾斜，抬單腿輪換連續做前腳掌後扒划地面動作。行進練習時，要求練習者由走過渡到跑。兩腳交替做後扒划地面行進動作。感覺上要送髖，後伸小腿。

**練習建議：**在此技術練習基礎上還可增加牽引阻力的後扒划跑練習。

**練習量：**跑 50 公尺左右為 1 組，每次練習 2～3 組，每週練習 1～2 次。

**安全提示：**練習前，活動好髖關節，以免肌肉拉傷。

## ⑧ 後踢腿跑

**動作方法：**練習者逐漸做到腳後跟踢到臀部，使股前肌群放鬆，減小對抗阻力。

**練習建議：**跑 20 公尺後，可做加速跑迅速衝刺。

**練習量：**由慢過渡到快，快踢節奏可在10秒內達到五六十個單步。

**安全提示：**注意雙腳不要互相糾纏在一起，以免摔傷。

## 中級練習

### ① 快速反應練習

**動作方法：**快速反應練習是提高快速跑能力的一個重要內容，聽信號做起跑動作。

**練習建議：**訓練快速反應的方法有多種多樣，聽不同信號（擊掌、哨音、槍聲和口令等）做各種姿勢的起跑（站立式、蹲踞式、背向前和坐、趴、躺在地上等），或採用培養快速反應能力的遊戲和其他練習等。練習節奏可由慢到快至加速跑。

**安全提示：**要求學生注意力集中，動作迅速但不可過於猛烈。

## ② 碰 碰 人

**動作方法：**在直徑 10～15 公尺的場地內分散站好，學生在場地內任意慢跑，像碰碰車一樣伺機與場地內的其他人擠、碰；碰的人越多越好。

**練習建議：**熱身，活躍課堂氣氛，發展學生的靈敏、力量素質和身體協調性；培養學生與人共處、團結友愛的品質和主動樂觀的生活態度。

**練習量：**每次進行 8～10 分鐘，以學生感到身體稍微出汗為好。

**安全提示：**在規定的場地內慢跑，不許出界；抱肘，正面或側面擠、碰；不許摔、絆、猛烈衝撞或背後衝撞。

## ③ 跑 位

**動作方法：**將學生安排在大圓圈上，依次報號並記準自己的號數。教師喊號（每次喊兩個號數），被喊到號的同學立即啟動，沿圓圈外逆時針方向跑一周，先到自己位

置者獲勝，後到者受罰。

**練習建議：**聽到喊號後，必須立即轉體，從圈外繞跑，此練習主要是練習學生的反應及奔跑速度，可在每節課中作為準備部分引進。

**練習量：**可在平整場地上繞一直徑為 20 公尺的圓跑。

**安全提示：**在圈外繞跑時，不能推、擠站在圈外的人。

## ④ 跑 圈

**動作方法：**將自行車外胎按一定的距離放成一路或幾路，學生在進行跑的練習時每隻腳必須落在圈內。

**練習建議：**此練習可提高學生的步幅和步頻。

**練習量：**根據學生實際情況安排距離。

**安全提示**：可根據學生的不同素質而確定。

## ⑤ 賽龍舟

**動作方法**：每組 5 人，排成一路縱隊，隊尾 1 人背向而立當舵手，5 人兩側同握住一根 3 公尺長的竹竿組成一艘龍舟，齊心協力向前進。

**練習建議**：要求途中不散架，培養集體主義精神。

**練習量**：每組進行 15～20 公尺，做 2～3 組。

**安全提示**：注意相互配合，以免發生事故。

## ⑥ 跑壘接力賽

**動作方法**：在平整場地上畫 4 個邊長為 0.5 公尺的正方形，且 4 個正方形相距均為 10 公尺，排球 4 個。將學生分成人數相等的 4 個隊，分別站在 4 個壘位的後面，各隊的排頭持一個排球站在壘上，做好起跑準備。發令後，各隊都按逆時針方向跑完 4 個壘，回到原壘位把球交給第二

個隊員接力跑，直至全隊跑完為止。

**練習建議：**跑壘時，腳要踏上所經過的壘位，不得遺漏。沒有輪到接力的隊員要站在壘線以外，不得妨礙比賽。傳接球必須手遞手，不得拋擲傳遞。中途掉球，允許撿起來繼續比賽。

**安全提示：**繞壘時，可適當地放慢速度，身體適當地傾斜，控制好重心，以免摔傷。

## ⑦ 草上飛

**動作方法：**在場地上畫 1 條起跑線，線上前 1 公尺處向前放兩排木塊，左右相距 3 公尺，前後間隔 1.5 公尺，最後 1 塊木塊後面 3 公尺處各插 1 面小紅旗。接力棒 2 根，木塊（長 20 公分、寬 10 公分、厚 5 公分）30 塊。將學生分成人數相等的兩個隊，並成一路縱隊分別站在起跑線後。發令後，各隊第 1 個人手拿接力棒迅速兩腳交替依

次從木塊上跑向小紅旗，繞過小紅旗後仍按原路兩腳踏著木塊跑回本隊，把接力棒交給第 2 個人。先跑完的隊為勝。

**練習建議：**兩腳必須交替在木塊上跑，如果掉下來，要從掉下處開始跑，不踏木塊不能跑，只准走，接到接力棒後才能從起跑線後跑出。

**安全提示：**木板的距離要適中，注意安全。

## 高級練習

### ① 沿線追擊

**動作方法：**將學生分成 4 人一組，每人分別站在一個角上，其中 3 人為逃者，1 人為追者。發令後，追拍者可隨意沿任何一線追拍其他 3 人，而逃者也可沿任何一線逃跑。但是，逃者和追者都不可以從一線中途返回，要改變

跑的方向，必須在兩線的交界處才能進行。追拍者在一條線上拍到逃者身體為勝，兩人交換後重新開始。

**練習建議：**在平整的場地上畫一個邊長為 6 公尺的正方形，並在各邊中點和頂點分別連成數條線。注意對練習者變向跑能力的培養。

**安全提示：**聽口令後才能開始，追者不得用力推打逃者，更不可用腳絆踢對方，違者取消遊戲資格，逃者離開線後，判被捉住。

## ② 滾 雪 球

**動作方法：**畫兩條相距 20 公尺的平行線，一條為起點線，另一條為終點線。在起、終點均插上小紅旗作為轉捩點。把學生分成人數相等的幾個隊，每隊按運動能力強在前、弱在後依次成縱隊排在起點線上。發令後，各隊排頭迅速向前跑去，繞過小紅旗跑回起點，與第 2 人手拉手再迅速跑向終點，繞過小紅旗跑回起點，然後 3 人手拉手向前跑。以此類推，直到整個隊伍都手拉手跑完為止。

**練習建議：**返回起點的人（隊）必須繞過終點、起點的小紅旗，手拉手向前跑，跑動中任何人不得將手鬆開。

**安全提示：**注意相互配合。

## ③ 單腳跳追逐跑

**動作方法：**在平整的場地上，畫 4 條平行線，即起跳線、10 公尺線、起跑線、安全線。將學生分成人數相等的兩個組，每組兩個隊，每隊 4～6 人。遊戲開始時，一隊站在起跳線上，另一隊站在起跑線上。聽到「開始」口令，站在起跳線上的隊員先向前做單腳跳，跳過 10 公尺線後，立即向前追逐站在起跑線上的人；站在起跑線上的隊員做好逃跑準備，看準對方單腳跳過 10 公尺線之後，立即起跑。雙方跑至安全線上，以追上對方為勝。兩隊交換角色。最後各隊以成功次數多少決出勝負。

**練習建議：**追逐者必須跳過 10 公尺才能變跑，逃者不能提前跑出。單腳跳次數不限。

**安全提示：**此練習為跑跳結合的練習，可作為熱身活動。

## ④ 連體接力跑

**動作方法：**每隊兩人一組配成對，成往返接力隊形站在起跑線後。「預備」時，排頭隊員兩人背靠背，雙手背後交叉反握。聽到「跑」時，兩人同時向轉捩點跑進，途中不得鬆手。經轉捩點返回到起點線後，第 2 對隊員出發。

**練習建議：**按身高相近原則分成兩隊，加強身體協調性練習，提高學生相互合作的精神。

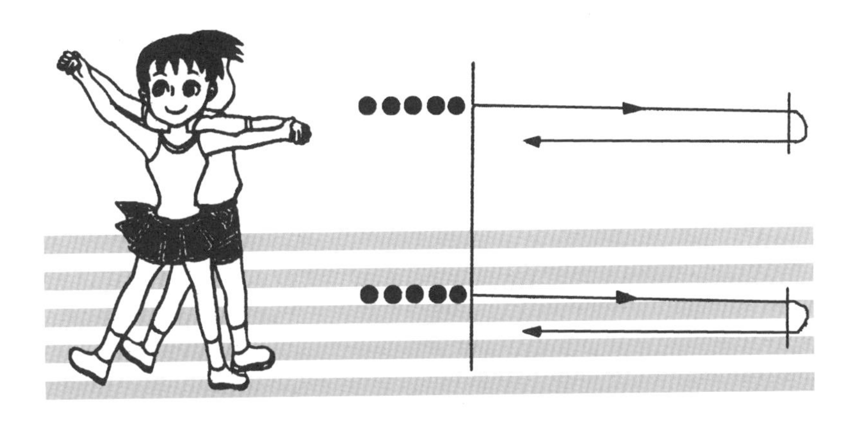

**練習量：**每次 30～50 公尺往返跑，做 2～3 組。

**安全提示：**兩人注意相互配合。

## ⑤ 折回跑接力

**動作方法：**在場地上畫出 1 條起跑線和 3 條折返線，折返線到起跑線的距離分別為 5、10、15 公尺。將學生分成人數相等的 4 個隊，各成縱隊站在起跑線後。練習開始，教師發令後，各隊排頭迅速跑至 5 公尺線處返回起跑線；再跑至 10 公尺處，返回起跑線；最後跑至 15 公尺線處，返回起跑線，拍本隊第 2 人的手後，站至隊尾。第 2 人用同樣方法折回跑，依次進行，直至全隊輪換一次，先輪換完的隊為勝。

**練習建議：**折回跑的距離和次數，可根據奔跑能力適當增減，此折回跑可採用多種方式的綜合折回跑，如向前跑、倒退折回跑。

**練習量：**根據學生實際情況，可安排 2～4 次。

**安全提示：**在發展速度和靈活性時，要注意急停和折轉的安全。

## ⑥ 闖三關

**動作方法：**練習者每兩人 1 組，或成 2 路縱隊站立，選出 3 對搖繩者，保持一定距離，按同一節奏搖繩。教師發出「開始」的信號後，兩人手拉手跑過 3 根搖動的長繩，順利通過 3 關者為勝。

**練習建議：**可安排闖關的 2 人同時在每 1 根繩處跳繩 1 次，也可分組比賽，一組做完後，另一組進行，以通過人數多少定勝負。

**練習量：**各組輪換 2～3 次。

**安全提示：**注意力集中，要求動作靈巧果斷，注意不要被繩子打到。

## ⑦ 圓圈循環追逐跑

**動作方法：**在場地上畫 1 個半徑為 20～30 公尺的圓圈，用兩條相互垂直的直線將圓圈分成 4 等分，取兩條直

線兩端的延長線為 4 條起跑線。將學生分成 4 組，分別站在 4 條起跑線外。每組第 1 人站在起跑線處，聽教師發令沿圓圈跑 1 圈。在途中追上前面的同學加 2 分，被追上的同學為 0 分，未追上前面的也沒有被追上的同學得 1 分。直到全部同學跑完，累計每組得分，得分高者為勝。

**練習建議：**圓圈的大小根據練習者的情況定。

**安全提示：**遊戲的負荷較大，應做好準備活動。

# 二、跳躍類練習

## 初級練習

### ① 蹲跳起

**動作方法：**蹲跳起主要是發展腿部肌肉和踝關節的練習。雙腳左右開立，腳尖平行，屈膝向下深蹲，兩臂自然後擺，然後兩腿迅速蹬伸，使髖、膝、踝 3 個關節充分伸直，同時兩臂迅速有力地向前上擺，最後用腳尖蹬離地面向上跳起。落地時，用前腳掌著地屈膝緩衝，接著再跳起。如此反覆進行，完成規定的次數。

**練習建議：**初練習時，可採用半蹲姿勢。跳的組數和次數可根據學生的年齡、性別和身體訓練水準不同而有所差異。

**練習量：**一般情況下，可重複做 2～4 組，每組 10～20 次。每組之間可休息 1～2 分鐘。

**安全提示：**一定要在沙坑中進行，不可在硬地上進行。注意保護膝關節，落地時，注意屈膝緩衝。

## ② 單、雙腳連續跳臺階（或樓梯）

**動作方法：**全身動作要協調用力，動作幅度要大，以雙腳跳逐漸過渡到單腳跳。

**練習建議：**開始練習時，可採用逐級跳，練一段時間後可改為隔級跳。

**練習量：**每組跳 6～10 次，練 3～6 組。

**安全提示：**練習前，充分活動各關節；練習時，要有人保護。

## ③ 跳深練習

**動作方法：**從跳箱蓋上跳下，立即越過橫杆入沙坑。雙腳跳下落地時，上體要正直，儘快地向上再次跳越杆。

**練習建議：**箱與杆的距離可根據個人情況來定。

**練習量：**每組 8～10 次，做 3～4 組。

**安全提示：**做好充分的準備活動，落地時，注意屈膝緩衝。

## ④ 跳繩雙搖跳

**動作方法：**跳繩時，儘量小幅度揮動，腳跟不要著地，連續跳。

**練習建議：**根據練習者的力量素質而制訂練習量。

**練習量：**跳 20 次為一組，每次練習 2～3 組，每週練習 3 次以上。

**安全提示：**由慢到快，注意防止繩子損傷身上裸露的皮膚。

## ⑤ 跨步跳或多級跳

**動作方法：**這是發展腿部力量有效的練習手段。兩腿交替蹬地成跨步姿勢向前上方跳起，擺動腿屈膝向前上方高抬，支撐腿迅速有力地蹬地，髖、膝、踝3個關節充分伸直，上體正直，兩臂從體側同時用力前擺至肩平，或同跑一樣前後擺動。跨步跳與多級跳動作基本相同，所不同的地方是跨步跳是按規定的距離跳，多級跳是採用3級、5級、7級跳等方法進行。

**練習建議：**跳的距離和級數，隨著練習者訓練水準的提高而增加。多級跳還可用比賽的方法進

行，按規定的級數，看誰跳得遠。

**練習量：**每組做 5～10 級，節奏由慢到快。

**安全提示：**練習前，應活動好各個關節；落地時，注意屈膝緩衝。

## ⑥ 蹲 跳 繩

**動作方法：**練習者蹲著，兩手持短繩放在體後，兩手搖繩，蹲姿跳進。

**練習建議：**蹲跳是指大小腿折緊的跳躍，否則犯規。在蹲跳過程中，可在原地調整，繼續前進。

**練習量：**跳 20 次為一組，每次練習 2～3 組，每週練習 3 次以上。

**安全提示：**上下肢協調用力，注意防止繩子損傷身上裸露的皮膚。

## ⑦ 原地向上直腿跳

**動作方法：**兩腿自然站立，膝蓋微屈，上體正直，兩臂由後向前上擺的同時，用力蹬地，快速向上跳起。

**要求：**蹬直髖、膝、踝 3 個關節，最後用前腳掌和腳趾蹬離地面。

**練習建議：**次數視練習者的水準而定，重點體會下肢蹬地動作的發力順序和肌肉用力感覺。

**練習量：**每組 10～15 次，做 3～5 組。

**安全提示：**落地時，腳尖落地緩衝，儘量在沙坑或鬆軟的地面練習。

## ⑧ 原地向前上方跳起伸小腿

**動作方法：**從原地開始，雙腳微屈，兩臂從體後向前上方同時擺動，並提肩、拔腰、挺髖、兩腳用力蹬地向前

上方跳起，收腹舉腿，前伸小腿落地。

**練習建議：**重點體會上、下肢和全身協調用力及正確的身體姿勢。

**練習量：**每組 8～10 次，做 3～5 組。

**安全提示：**注意落地時緩衝，防止發生事故。

## ⑨ 袋鼠跳

**動作方法：**每人準備一個大小適合的袋子。練習者各自將雙腳放入袋中，雙手抓住袋扣的邊緣，然後進行各種跳躍性練習。

**練習建議：**注意發展力量素質及協調性。

**練習量：**每組 10～15 公尺，做 3～5 組。

**安全提示：**全身協調用力，上下肢配合，注意安全。

## 中級練習

### ① 連續單腳跳

**動作方法：** 單腳跳用來發展腿部、踝關節和腳掌蹬地的力量。跳時，一腿屈膝提起，另一腿以前腳掌用力蹬地向前跳躍。蹬地時，要充分伸直髖、膝、踝關節，落地時用前腳掌著地。在腿部力量提高的基礎上，要求跳時蹬地角度要小，頻率要快。單腳跳的方法很多，除按規定的距離用單腳連續向前跳外，還可在規定的距離內，中途換腳跳一次，或用每只腳跳兩次交替進行等。

**練習建議：** 根據練習者的力量素質而制訂練習量。

**練習量：** 50～100 公尺為一組，每次 2～3 組，每週做 3 次以上。

**安全提示：** 做好充分的準備活動。

## ② 縱跳摸高

**動作方法：** 這是發展腿部肌肉和踝關節力量經常採用的一種手段。跳時，由兩腳自然開立的半蹲姿勢開始，一臂或兩臂向上伸直，同時兩腳用力蹬伸向上跳起，用一手或兩手摸高。

**練習建議：** 練習的組織形式可以多樣化，也可以採用比賽的方法進行，如在操場附近的牆壁上，根據練習者身體素質的情況，畫一條一定高度的線，跳起時用手摸線以上的牆，按規定的時間比賽誰跳的次數多。

**練習量：** 每組 8～10 次，做 3～5 組。

**安全提示：** 落地時，注意屈膝緩衝。

## ③ 單腳起跳

**動作方法：**以頭、手或腳觸懸掛的球或其他物體。這一練習對發展下肢關節、韌帶和身體的協調性作用很大。短距離助跑、起跳時先以全腳掌或腳跟著地，然後迅速過渡到前腳掌用力蹬地跳起。起跳腿髖、膝、踝 3 關節充分蹬直，騰空後上體應保持正直。如用手觸高懸物體時，是用起跳腿的異側臂向上伸，擺動腿屈膝向前上方抬起。

**練習建議：**初學時，可讓練習者先做 1～3 步的起跳練習，然後再做全程助跑的練習。當練習者掌握了用手和頭觸高懸物體之後，再學習用腳尖觸高懸物體。如果有條件的話，可以懸掛不同高度的球或其他物體，使練習者依次去觸及。

**安全提示：**落地時，注意屈膝緩衝。

## ④ 屈腿跳

**動作方法：**這是發展彈跳和協調性較好的練習。跳的方法是：雙腳蹬地跳起後，迅速屈膝收腿，大腿儘量靠近胸部，上體直立，兩腿積極下伸，用前腳掌著地。

**練習建議：**可先做原地的屈腿跳，然後再做行進間墊跳和連續的屈腿跳，跳的次數和距離根據練習者的基礎而定。

**練習量：**每組 10～15 公尺，做 3～5 組。

**安全提示：**全身協調用力，注意上下肢配合。

## ⑤ 轉蓮花

**動作方法：**練習者 6～8 人一組，每人右腿彎曲，以腳背勾於鄰近一人的膝關節處，同時自己也被別人勾住，組成一朵蓮花。練習開始，大家一邊喊口令，一邊用單腳跳躍轉圈。在規定的時間內，以堅持時間長的組為勝。

**練習建議：**必須以腳背勾住鄰近一人的膝關節，脫開為失敗。練習中必須連續跳躍轉動，不得停止不動。

**練習量：**每次進行 5～8 分鐘，練習者感到身體微微出汗。

**安全提示：**注意相互配合，以免發生事故。

## ⑥ 左右跳障礙

**動作方法：**標槍 10 支，橡皮筋 1 根，在場地上畫 1 條相距 13.5 公尺的平行線，分別作為起點和終點線；在兩線間每隔 1.5 公尺插 1 支標槍，用 1 根橡皮筋連接，橡皮筋距地面高約 70 公分。練習者在每個標槍空隙間左右穿梭跳過橡皮筋，跳至盡頭，繞過最後 1 支標槍後，迅速跑回起點線。穿梭跳進時，不得漏跳，也不得觸及繩子。

**練習建議：**此練習可根據年齡調高繩子的高度，也可以採用其他的跳躍方式進行。

**練習量：**每組進行 4～6 次，可用於遊戲比賽。

**安全提示：**注意掌握身體的平衡，不要觸及繩子或被

繩子絆倒。

## ⑦ 雙腳夾拋「沙包兒」

**動作方法：**參加者分為人數相等的兩隊，在練習場地中間畫 1 條線（場地大小不限），左右各 1 隊。雙方隊員用腳夾拋沙包兒過線，如沙包兒沒夾拋過線為失敗，則退出；如被對方隊員接住，則退出；如沙包兒打到對方隊員

身體（任何部位），則被打者退出。最後雙方以剩下人多者為勝。另一遊戲方法：也可比賽雙腳夾拋沙包兒看落地遠近，或雙腳夾拋沙包兒觸標誌物等花樣進行遊戲。

**練習建議：**發展下肢力量及彈跳力；鍛鍊柔韌、靈敏及協調性。

**練習量：**每組 10～15 次，做 3～5 組。

**安全提示：**注意上下肢協調用力。

## ⑧ 雙腳向後跳

**動作方法：**練習者背對 B 站在 A 內，向後跳幾次，最後一跳空中轉體 180°落在 B 內，再向後跳幾次，最後一跳空中轉體 180°落在 A 內。

**練習建議：**不許回頭看。

**練習量：**每組 5～8 次，做 3～5 組。

**安全提示：**圖中的圓圈外要站一保護人，以防止練習者摔倒。

## 高級練習

### ① 單腳交換跳

**動作方法：**這是發展小腿、腳掌和踝關節力量的練習。上體正直，膝部伸直，兩腳交替向上跳起。跳時主要是用踝關節的力量，用前腳掌快速蹬地跳起，離地時腳面繃直，腳尖向下。

**練習建議：**練習方法有很多種，如原地跳、行進間跳和沙坑跳等。

**練習量：**原地跳，可規定跳的時間（30～60 秒）或跳的次數（30～60 次）；行進間跳時，可規定跳的距離（20～30 公尺）。

**安全提示：**注意屈膝緩衝。

### ② 跑 跳 步

**動作方法：**主要用來發展腿部後肌肉群和踝關節的力

量，訓練身體的協調性。跑跳步的動作與舞蹈的「跑跳步」相類似，它是用右（左）腿直膝向前上方跳起，同時左（右）腿屈膝前上舉，右腿落地，然後換腿，用同樣方法跳，兩臂配合腿前後大幅度擺動。跳時，踝關節和前腳掌要用力，整個動作比較輕快。

**練習建議：**整個動作應由慢到快，快慢節奏各做 3～5 組。

**練習量：**每組 30～50 公尺，做 3～5 組。

**安全提示：**做此練習前活動好膝關節、踝關節，落地時屈膝緩衝。

## ③ 雙腳連續跨越欄架

**動作方法：**跳躍時，雙臂擺動控制平衡，雙腿屈膝跳越欄架，上體始終保持正直，每次落地時腳跟不要著地，動作連貫，速度要快。

**練習建議：**欄架由低逐漸到高（0.76～1.06 公尺）

**練習量：**每組跳 3～7 個欄。如無欄架可自製皮筋架代替。

**安全提示：**按照練習者的自身情況，調整欄架的高度與距離；做此練習前，應做好充分的準備活動。

## ④ 轉 圈 跳

**動作方法：**長皮筋幾根，皮筋的一端都束在一立柱上。練習者出幾人牽拉皮筋的另一端，組成圓圈，其他人成縱隊站在場外。比賽口令發出後，排頭先跑入圓圈內做跳皮筋動作，完成規定動作後，轉入第 2 根皮筋處繼續跳過。這時第 2 人跟至第 1 根皮筋處做跳皮筋動作。連續不斷地跟進、轉移，至跳完最後一根皮筋依次退出場外。

**練習建議：**跳皮筋時邊跳邊音樂伴奏效果更好；對跳皮筋的動作可提出要求，如單腳、雙腳、跨越跳高等。

**練習量：**每組 3～5 次。

**安全提示：**做此練習前，活動好膝關節、踝關節；落

地時，屈膝緩衝。

## ⑤ 鑽跳賽

**動作方法：**將練習者分成人數相等的兩隊，並成一路縱隊站好。練習開始時，各隊第 1 人兩腿左右分開，弓背彎腰，雙手扶膝站穩，第 2 人以雙手按第 1 人背做分腿騰越後，向前跨一步，做與第 1 人相同的動作；第 3 人從第 1 人背上做分腿騰越後，再從第 2 人腿下鑽過，並前跨一步與第 1、2 人成同樣姿勢。後面的人依次進行，直至每人都做過一次。

**練習建議：**發令前不能先行起動。前後間隔距離不得大於 2 公尺。必須依次先跳、後鑽，不得繞過。

**練習量：**每組 3～5 次，做 2～4 組。

**安全提示：**鑽跳時要小心，以免發生事故。

## ⑥ 踏石過河

**動作方法：**在場地上畫兩條相距 10～15 公尺的平行線，兩線間為河道，兩線外為河岸，在河道內畫大小不同、距離不相等的圓圈作為石塊（兩組圓圈的大小、位置要相等）。練習者分成人數相等的兩隊，各隊再分成甲乙

兩組，分別成縱隊面對面站線上外河岸上。教師發令開始後，各隊甲組第 1 人從河岸出發開始跨跳，依次踩過每一石塊到達對岸，拍乙組第 1 人的手後站到乙組隊尾。乙組第 1 人按同樣的方法踩石跨過河，以此類推，最後以先渡完河的隊為勝。

**練習建議：**圓圈的佈置可根據練習者的情況而定，也可採用單腳跳、雙腳跳、跨跳結合等形式進行遊戲。

**練習量：**每次練習 5～8 分鐘，可在遊戲或準備活動時進行。

**安全提示：**注意做好準備活動，動作協調，不要摔跤。

## ⑦ 小腿勾棒跳

**動作方法：**在平整場地上畫兩條相距 15 公尺的平行線分別為起點線和終點線。體操棒若干。將練習者分成人數相等的兩個隊（每隊又分成兩個組），分別站在起跑線後。練習開始，每隊兩人一組，均以同側腿支撐，另一側大腿後伸，小腿向後上勾起（踝關節高於膝關節），身體稍前傾維持平衡。把一根體操棒放在兩人勾起的膝窩上。發令後，各隊兩人按照統一節奏向前跳，先到終點者得 1 分。依次進行，最後以得分高的隊為勝。

**練習建議：**跳進過程中，體操棒不得掉下，否則必須撿

起在原地放好後再跳進。跳進中，不得用手觸及體操棒。

**練習量：**做 3～5 組。

**安全提示：**兩人注意相互配合，齊心協力。

## ⑧ 跳籬笆

**動作方法：**把練習者分成人數相等的兩隊，兩隊相距約 5 公尺，面對面成橫排，兩臂側平舉，手拉手跪坐在地上組成「籬笆」。各排頭手持接力棒，站在隊伍的一端。聽到信號後，用雙腳依次從籬笆中間穿梭跳向排尾，把接力棒交給排尾，然後和排尾拉手作籬笆，接力棒逐人傳到排尾，排尾接棒後再向排頭跳。

**練習建議：**做籬笆的人手臂必須平舉，不准降低，要用雙腳連續跳，不得使用單腳跨過或間隔跳，否則判其重新再跳。接力棒必須從排頭逐人依次傳遞，否則判其重新再傳。

**練習量：**做 2～3 次。

**安全提示：**動作可由慢到快，做「籬笆」的人不可隨意變換高度，以免發生事故。

# 三、懸垂類練習

## 初級練習

### ① 單槓後握懸掛

**動作方法：**站在槓前，兩手向後抓槓，然後身體前傾、兩腿後伸至身體成一條直線，腳尖點地，腳面繃直。

**練習建議：**練習初期要注意槓的高度，不可過高或過低，練習前要活動開肩關節。

**安全提示：**保護的人要蹲在練習者身體一側，在練習者身體展開時兩手平伸至其胸前下方，避免練習者脫手摔傷。

### ② 挺身懸垂

**動作方法：**兩手正握高槓，兩腳站立在鞍馬上，上體後仰，身體充分伸展。

**練習建議：**根據練習者身體素質每次練習要持續一定時間，還可做上下振動練習。

**安全提示：**練習前檢查器械。

## ③ 懸垂跳下

**動作方法：**雙手懸垂開始，上體稍向右轉，右手推牆向後轉跳下，前腳掌先著地，兩腿彎曲。

**練習建議：**練習初期先選擇低牆練習，熟練後可負重練習。

**安全提示：**跳下時右手推牆要稍用力，以遠離牆避免擦傷，落地要輕，還要注意不要扭傷腳踝。

## ④ 掛臂懸垂

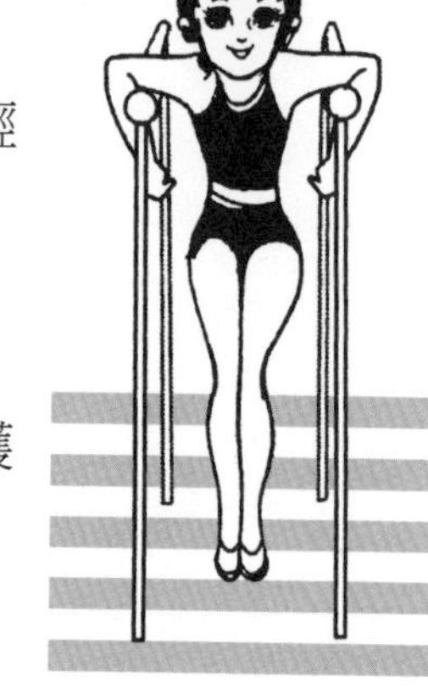

**動作方法：**站立在雙槓的中間，輕輕跳起使兩臂掛於兩槓上。

**練習建議：**練習初期可選擇低槓，練習時兩臂要伸直，還可做前後擺動。

**安全提示：**練習時上臂應戴上護具，同時注意保護。

## ⑤ 屈體懸垂後踢腿

**動作方法：**面對肋木，兩腳站立在肋木上成蹲立，雙手與肩同高握橫木。兩腿蹬直成屈體立；右腿蹬直，左腿後舉成屈體單腳立。然後換左腿蹬直，右腿後舉成屈體單腳立。

**練習建議：**可採用做操的形式分成四個八拍進行練習。

**安全提示：**手要握緊，腳要蹬住，以免受傷。

## ⑥ 前臥懸垂

**動作方法：**兩手握槓，單腳站立，另一腿後舉放在跳箱上，然後站立腿也搭在跳箱上，兩臂伸直成懸垂。

**練習建議：**練習初期，不可懸掛過長時間，膝蓋不可彎曲。

**安全提示：**練習時應加強保護，兩手緊握高槓，防止掉下。

## ⑦ 懸垂舉腿

**動作方法：**攀上肋木兩手握橫槓成背對肋木的懸垂姿勢，然後收腹至腳背觸手握的橫槓。

**練習建議：**肋木不要攀登過高，身體成懸垂後，腳離地 20 公分為宜。收腹舉腿時，腿要儘量伸直。每組做 6～8 次。

**安全提示：**練習中應緊握橫槓，避免脫手擦傷。

## ⑧ 槓上屈體懸垂

**動作方法：**從兩手正握懸垂開始，兩腿上舉同時上體後仰，儘量使兩腿貼近槓。

**練習建議：**練習初期可先從站立開始，熟練後再增加槓的高度。

**安全提示：**在整個過程中練習者要緊握槓，不可鬆手，同時注意保護，也可在練習者前方放置軟墊。

### 中級練習

## ① 吊環後懸垂

**動作方法：**兩手正握懸垂，擺動身體向後翻身，成兩臂後背懸垂。

**練習建議：**練習初期可選擇低環，從兩腳蹬地起擺開始，以降低難度，練習前要充分活動肩關節。

**安全提示：**練習前檢查器械的牢固性，在手上擦些防滑粉，動作結束後要注意安全落下。

## ② 掛腿懸垂

**動作方法：**從站立懸垂開始，一腿蹬地，一腿上擺，上擺腿擺至垂直位置時屈膝收大腿繞過槓後伸直掛槓，同時上體後仰，另一腿自然擺起。

**練習建議：**練習初期可先自由掛槓體會掛膝懸垂動作，再強調動作品質。

**安全提示：**保護者站在練習者身體一側注意保護，練習結束後要先收腿，等兩腳落地後再把手鬆開。

## ③ 吊環擺蕩

**動作方法：**從正握懸垂開始，兩腳向前蹬地後擺，回擺至垂直位置時兩腳再次蹬地挺身前送，然後兩腿向前平伸帶動身體。

**練習建議：**練習初期，可採用同伴幫助推動身體，以增加向前的幅度。

**安全提示：**兩手要緊握吊環避免脫手，練習初期不要

追求幅度過大，保護者站在練習者側面，同時還可在擺動最高點的下面放一些墊子以防掉落。

## ④ 懸垂翻上

**動作方法：**由正握懸垂開始，兩臂上引同時收腹、舉腿，以髖關節為軸繞槓翻上成支撐，兩腿後舉，兩臂伸直。

**練習建議：**可在中低單槓上練習，練習初期在保護幫助下完成動作。

**安全提示：**保護者站在練習者一側，練習開始時保護者一手托送其大腿後部，幫助收腹舉腿，另一手托送其腰部；在其腿上舉過槓時，再換成一手托腰，另一手托肩，幫助上翻成支撐。

## ⑤ 高槓懸垂起擺

**動作方法：**從正握懸垂開始，舉腿、後擺、振胸，緊接著直臂壓槓，同時上體後仰，收腹舉腿，身體前送。

**練習建議：**預擺時，舉腿和後擺振胸要連貫；壓槓時，上體要積極後仰，這樣有利於收腹舉腿；兩腿上舉與向前伸送要緊密連貫，同時兩臂屈肘引體，前送身體後拉開肩角。

**安全提示：**保護者站在槓下練習者一側，當其向前上方伸腿送髖時，一手托其大腿後部，一手托送其後腰，幫助其前送；回擺時，一手扶腹，另一手扶腰，預防回擺時脫手。

## ⑥ 三段爬繩

**動作方法：**開始姿勢為直臂懸垂。第 1 段兩腿前屈，用兩膝和兩腳夾繩。第 2 段兩腿蹬直，兩臂引體向上。第 3 段兩手依次向上換握。

**練習建議：**練習初期不可攀爬過高，以領會動作為主。

**安全提示：**練習前檢查繩的牢固性。練習初期手上可戴護具，以免擦傷，至最高處下落時注意安全。

## ⑦ 單腿橫越

**動作方法：**兩手握繩（左手在前），左膝掛在繩子上，左手前移；右膝勾繩，右手前移；左膝勾繩……依此法交互進行。

**練習建議：**繩不可懸掛過高，練習初期可先進行短距

離練習。

**安全提示：**練習時應緊握繩索，練習者下方放置軟墊，保護者站在練習者一側，雙手托其背部，以防掉落。

## ⑧ 前臂撐懸垂擺動

**動作方法：**雙槓上練習，從掛臂懸垂開始，前臂接觸槓槓，兩腿向前擺動，身體前送，髖關節伸直。擺回垂直位置時，靠兩腿後擺力量，積極挺身，同時兩臂伸直，身體水平。

**練習建議：**因在雙槓間練習，練習者應注意空間感覺。練習初期擺動幅度不要過大。

**安全提示：**兩手應緊握槓，以防滑動，保護者站在側方，一手握住練習者上臂，另一手穿入槓下托他的腹部或大腿。

## 高級練習

## ① 吊環擺蕩跳靶

**動作方法：**雙手握吊環，做懸垂擺動，在向前擺時突然鬆手，力爭落入地靶中。

**練習建議：**可採取比賽的形式，按靶環數計分。動作熟練後增加地靶難度，如：距離、環數等。

**安全提示：**練習初期不可急於求成，要循序漸進。兩手緊握吊環，鬆手時機要適當，落地要穩。

## ② 後跳起屈體懸垂

**動作方法：**兩手後握站立開始，屈膝下蹲，接著兩腳蹬地跳起，同時低頭、含胸、收腹、提臂成後屈體懸垂。

**練習建議：**起跳時屈膝拉臂，起跳動作不要太猛，兩

臂距離要適度，要靠兩臂作用維持平衡。

**安全提示：**保護者站在槓前側方，一手托肩，另一手托其大腿前部，幫助向上跳起。當接近成屈體懸垂時，換成一手托後背，一手托小腿。

## ③ 肋木上行

**動作方法：**站立在肋木前，兩手上舉至最高處握槓。一手拉槓帶動軀體上引，另一手抓上槓，依次向上。

**練習建議：**練習初期，可根據練習者身體素質規定上行的距離和每次換握槓的間隔。

**安全提示：**練習者應注意力集中，換握時注意身體的平衡。

## ④ 後挺身倒懸垂

**動作方法：**由後正握槓站立開始，下蹲，兩腳向前蹬地跳起，然後挺胸、收腹，身體伸直，兩腿靠在槓上成倒懸垂。

**練習建議：**練習時保持直臂，沉肩下蹲輕輕跳起。

**安全提示：**兩手緊握。練習初期注意保護，保護者站立一側，練習者跳起時幫助其兩腿靠槓。

## ⑤ 懸垂屈體

**動作方法：**單槓上練習，由兩手正握懸垂開始，兩腿上舉至超過橫槓，並保持上體正直。

**練習建議：**可根據學生的身體素質安排練習，練習初期不必舉腿過高，每次可少做一些。

**安全提示：**舉腿時要控制力度，避免腳踢在槓上。兩手要緊握槓。

## ⑥ 肋木倒立

**動作方法：**面對肋木距離半步站立，體前傾至背部接觸肋木，兩手握盡可能高的橫槓，直腿或屈腿舉起成背向肋木的倒懸垂。

**練習建議：**練習初期，特別是上肢力量差的同學可先攀至肋木一定的高度，用腳勾住橫槓向下倒立，體驗動作。

**安全提示：**保護者站在一側，幫助其完成倒立。倒立時身體要正，動作完成後按原動作落地。

## ⑦ 捆縛懸垂

**動作方法：**爬繩至兩三公尺處，繩在左側，用左腿向左做環形動作將繩捲在腿的周圍。繩在右側就相反做。

**練習建議：**練習初期可在地上做捆縛練習，然後再慢慢升高。

**安全提示：**練習前檢查繩的牢固性。下落時可採用雙腳夾繩的方法，以保證安全。

## ⑧ 懸垂屈體上

**動作方法：**由正握懸垂開始，向前擺動時屈髖，腳盡可能向前伸，然後收腿上舉，借助回擺力量壓臂，身體穿上，挺胸、抬頭。

**練習建議：**回擺時儘量要快，兩臂不可彎曲。

**安全提示：**練習初期應加強保護，保護者在回擺時一手托練習者的背，另一手托腿。

# 四、翻滾類練習

## 初級練習

### ① 烏龜搖擺

**動作方法：**練習者趴在墊子上，頭和兩腳反翹起來，兩手抓住踝關節，使身體成反弓形，以腹部為支點，腳尖發力向下壓拉動手臂，上體抬起並前壓，經由腹至胸滾動，當滾至下巴要著墊時，立即壓兩腳讓身體向後滾。

**要點：**背肌發力，膝蓋儘量伸直，把身體的弓形拉得圓滑。

**練習建議：**初練時動作幅度可以小一點，逐步加大動作幅度。

## ② 團身抱膝前滾成蹲立

**動作方法：**練習者雙手抱小腿，團身蹲於墊前，重心前傾。兩腳蹬地，同時低頭、團身、提臀前滾，滾動依次經過肩、背、臀後成蹲立。

**要點：**滾動過程中身體一直保持團身，並注意低頭保護。

**練習建議：**滾翻成蹲立後可繼續連續向前滾動成蹲立。

## ③ 團身抱膝後滾成蹲立

**動作方法：**練習者雙手抱小腿，背對墊子蹲下並團身。重心後倒，經臀、背、肩、頸部向後滾，當頸部著地時，膝發力後壓，使身體重心移過頭部，腳著地後成蹲立。

**要點：**低頭、含胸、團身，腳積極主動著地。

**練習建議：**單個動作熟練後可做連續團身後滾翻，注意保持重心穩定，不偏離滾動路線。

## ④ 支撐翻滾

**動作方法：**練習者兩手撐地，面朝下。以左手開始做為例，先把重心移至右手上，左手離地帶動身體轉體至面朝上時再次撐地，重心移至左手，右手離地帶動身體轉體至開始姿勢。

**要點：**轉體要快，支撐轉動中不能塌腰、撅臀。

**練習建議：**初練時速度放慢，熟練後加快速度，連續翻滾或來回翻轉；也可設定距離或在斜坡上翻轉。

## ⑤ 後滾翻成跪撐

**動作方法：**由坐撐開始，體前屈，接著上體後倒，舉腿翻臀屈體後滾，同時兩手快移至肩上撐地（指尖向肩），當重心滾至肩頸部位時，用力推撐，越過頭部，屈膝成跪撐（單腿或雙腿均可）。

**要點：**上體後倒要快，帶動舉腿、翻臀，重心過頭時要及時推手，腳背先著地，接著屈膝。

**練習建議：**由蹲撐開始團身後滾，熟練後可由蹲撐開始做伸膝直腿後坐，接做後滾翻成跪撐。

## ⑥ 裹春捲

**動作方法：**（以仰臥向左側滾動為例）仰臥或俯臥在墊子上，大腿中部以下、上臂中部以外伸出墊子，身體重心移向左側，同時右臂、右腿用力推壓地面，左肩、左髖部先觸墊子，滾動一周後繼續以同樣方式滾，直到把布都纏到身上，再反向滾回還原。

**要點：**保持好重心，肘、膝關節在滾動中不能彎曲，異側臂和腿向滾動方向用力。

**練習建議：**可先進行單人練習，熟練後可進行雙人或

多人配合練習。

## ⑦ 兔跳撐前滾翻

**動作方法：**練習者屈腿俯撐在地上，雙手推地向前魚躍，雙腳蹬地，身體騰空，落地後接前滾翻動作，前滾翻動作不變。

**練習建議：**可設置障礙物，兔跳越過障礙物接前滾翻。

**安全提示：**練習前，應教會練習者熟練掌握「兔跳」動作。

## ⑧ 手推車撐前滾翻

**動作方法：**兩人一組，練習者甲俯撐在地上，練習者乙抬起甲的雙腿，握住其小腿，甲兩手撐地往前走。在走到限定的距離後，甲低頭、含胸，乙則把甲雙腿前送，幫助甲做前滾翻。

**要點：**開始可放慢速度，熟練後，可加長小推車前進距離，加快速度。

**練習建議：**乙要控制好甲的雙腿，兩人的速度要均等，乙不可用力往前推甲。

中級練習

## ① 直腿前滾下坡直腿起

**動作方法：**練習者由蹲撐開始，蹬伸腳、膝，同時屈臂、低頭、含胸，經頭的後部、頸、背、臀依次觸地前滾。當滾至臀部時，上體迅速向前壓疊，同時兩手在膝部外側快速向後撐地，經屈體成直立姿勢。

**要點：**低頭提臀，各蹬伸動作速度要快，後撐要及時。

**練習建議：**根據學生完成的情況調整坡度，可以先由高墊做前滾翻，腳落在地上。

**安全提示：**坡度大時，旁邊需要有人保護。

## ② 屈體後滾下坡直腿起

**動作方法：**練習者由直立開始，上體前屈，重心後移，兩手後伸在腿外側撐地，臀部後坐。著墊時，上體後倒，收腹舉腿翻臀，屈體後滾，兩手迅速翻掌換撐肩上，當滾至頸部位時，兩手在肩上用力推墊，翻轉過頭經屈體立撐成站立姿勢。

**要點：**屈體後滾要有速度，收腹、舉腿、翻臀、換撐要快。推撐要及時有力。

**練習建議：**坡度可逐漸增加。

**安全提示：**坡度大時，旁邊需要有人保護。

## ③ 直腿前滾翻分腿起

**動作方法：**由立撐開始，腳尖用力，蹬伸踝、膝關節，兩手稍遠撐，屈臂、低頭、含胸、收腹，經頭後部、頸、背、腰、臀部向前滾翻，當滾翻至臀部時，分腿，兩手迅

速積極撐墊，上體前壓用力，推手成分腿起。

**要點：**蹬伸速度要快，腹肌發力前壓，雙手靠近身體撐地，推手迅速。

**練習建議：**練習前可做一些鋪助練習，如仰臥高舉腿，由背至臀滾動後折疊推撐練習，也可選用從高處向低處練習完整動作。

## ④ 單肩後滾翻

**動作方法：**坐撐體前屈，上體後倒，屈髖舉腿，左手在肩上撐墊，右臂側伸（掌心向上），頭左屈。後滾至右肩時，挺胸，兩腿併攏伸直向上伸，同時左手撐墊順勢轉頭，經右肩向後滾翻。

**要點：**兩臂一屈一伸及歪頭轉頭方向必須明確，胸、腹、腿依次觸地。

**練習建議：**可由高墊至低墊進行練習，教師適當保護幫助。

## ⑤ 單腿前滾翻

**動作方法：**前滾翻動作不變，在滾翻過程中，左腿（或右腿）伸直前舉，始終不要著地。

**練習建議：**熟練後可以連續做滾翻。

## ⑥ 雙人連環前滾翻

**動作方法：**練習者甲前滾翻成仰臥，兩腿分開並前舉，練習者乙兩腳站立在甲的頭兩側，甲乙相互握住踝關節上方。動作開始，乙兩腳蹬地，似做魚躍前滾翻，使甲的腳向前落下撐地，這時甲應主動屈膝並舉起乙的兩腿。乙接著做前滾翻，甲順勢蹲起，接著甲做乙的動作，如此依次前滾。

**要求：**兩人滾翻方向正確，配合默契。

**練習建議：**先練習單人動作滾翻，再進行雙人配合。

## ⑦ 越橫拉皮筋魚躍前滾翻

**動作方法：**兩位同學蹲於海綿墊兩側，橫拉一根皮筋，練習者越過皮筋後做前滾翻。此練習的動作方法與魚躍前滾翻的動作做法及要點基本一致。

**要點：**雙臂向前上擺，用力蹬地，雙手往遠支撐，低頭收腹，高提臀，手撐地後迅速前滾。

**練習建議：**開始不要求騰空高度，皮筋高度可以上下調整，以增加或降低難度。

# 高級練習

## ① 側平衡側翻

**動作方法：**練習者單腿站立成側平衡姿勢開始，以左側手翻為例，先側身，重心向左下側下壓，蹬伸左膝、踝關節，擺右腿，左手撐地，右臂左擺緊貼右耳至右手撐

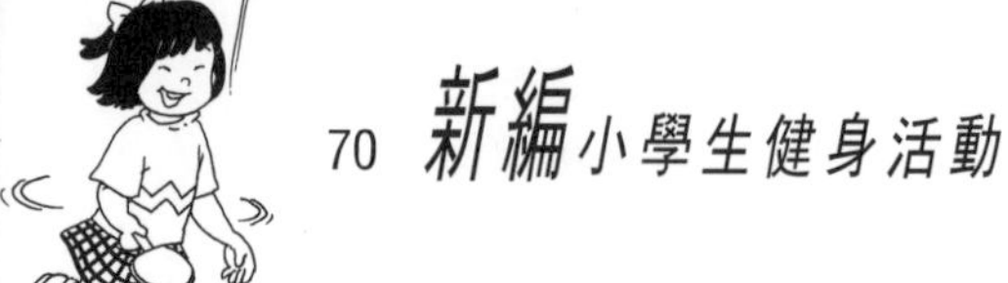

地，接著推開左手，右腿從左側落下，推開右手左腳落下身體側起。

**要點：**蹬地擺腿快，髖部打開，推手要迅速，給身體翻轉的力量。

**練習建議：**可在地上畫一條直線，要求練習者腳、手落點保持在直線上，熟練後，側翻結束站立起繼續接側平衡。

## ② 前滾翻成天線

**動作方法：**前滾翻的動作方法不變，前滾翻成坐撐姿勢後，上體迅速後倒，收腹舉腿翻臀，雙腿向上伸。兩肘撐地，雙手撐於背部把身體托起。

**練習建議：**可把單個動作練熟，再連起來做。

**安全提示：**要有足夠大的墊子供練習者練習。

## ③ 後滾翻成橋

**動作方法：**後滾翻動作方法基本不變，滾翻一周後，在兩手用力推墊子的同時，向後繼續屈腿倒重心，經臀、背、肩、頸部後滾。當頸部著地時兩手迅速翻掌撐地，手腳同時發力，髖向上頂，盡力使身體成一反弓形。

**練習建議：**先屈腿仰臥在墊上練習原地的逐步頂髖成橋，再連滾翻一起練習。

**安全提示：**在練習前充分活動伸展腰部。

## ④ 雙手抱胸前滾翻

**動作方法：**前滾翻的動作方法基本不變、動作開始時下蹲，上體前傾，兩手抱於胸前，兩腳用力蹬地，同時低頭、含胸、團身、提臀前滾，當滾至背部時收腿成蹲立。

**練習建議：**練習前做好頸部活動，在滾翻中注意低頭，收腿要迅速。

**安全提示：**練習者需要在保護幫助下進行此練習。

## ⑤ 背手前滾翻

**動作方法：**前滾翻的動作方法基本不變。動作開始時身體下蹲，上體前傾，兩手背於體後，兩腳用力蹬地，同時低頭、含胸、團身、提臀前滾，依次經過頭後、頸、背部。當滾至背部時，背於體後的雙手撐地同時收腿。

**練習建議：**掌握手撐地的時間，注意收腿。

**安全提示：**練習者需要在保護幫助下進行此練習。

## ⑥ 蹬墻頭手倒立接前滾翻

**動作方法：**背對牆站立，兩手和頭前額上部成等邊三角形撐墊，兩腳蹬牆上移，到達一定高度後，低頭、重心前倒、團身前滾至蹲立。

**練習建議：**可先練習屈體的頭手撐地前滾翻，再逐漸增加兩腳的高度進行練習，根據腳的位置，調整頭手撐地與牆的距離。

**安全提示：**旁邊需要有人保護幫助，練習前活動頸部，以防受傷。

## ⑦ 障礙頭手翻

**動作方法：**在練習者前設置一齊腰高的橫箱，練習者背對牆站立，頭手撐地，兩腳爬牆至一定高度，身體朝前上展髖至垂直面時緊接推手倒立並直腿前倒，翻過跳箱成站立。

**要點：**向正上方伸壓腿並展髖。

**練習建議：**可在練習者兩側提拉其腿部，幫助其翻過。熟練後讓練習者自行完成。

**安全提示：**練習時旁邊需要有人保護幫助。

## ⑧ 跳箱前滾翻跳下

**動作方法：**短距離助跑，臂前擺積極撐箱，兩手主動撐箱做前滾翻，動作方法不變。當滾至跳箱遠端、臀部接近跳箱時，雙手用力壓跳箱，抬上體伸展落地。

**要點：**滾翻動作圓滑，滾翻要結束時臀部用力壓箱使之能伸展落地。

**練習建議：**可由低墊向高墊做魚躍前滾翻；可練習原地起跳屈體前滾翻，逐漸加高跳箱的高度，再加上短距離助跑做練習。

**安全提示：**需要兩側各有一人保護幫助。

## ⑨ 雙槓前滾翻成分腿坐

**動作方法：**雙槓上鋪一海綿墊，練習者蹲撐在雙槓上，重心前移，肘內夾，低頭含胸、上體前倒，收腹、提臀、

屈臂。肩觸槓時兩肘分開，以肩或上臂撐槓，重心前移，由背部、臀觸墊滾至分腿坐。當背部觸墊時，兩手迅速向前撐墊。

**要點：**滾翻時兩手換握時要放手遲，撐墊快。當臀觸墊時，應立即伸髖分腿，下壓跟肩成分腿坐。

**練習建議：**先在墊上做屈體立撐成分腿坐練習，熟練以後再上槓練習。

**安全提示：**保護者站在槓側，一手托膝上部、一手從槓下托肩保護練習者。

# 五、鑽越類練習

## 初級練習

### ① 鑽雙槓跑比賽

**動作方法：**將人數分成相等的兩隊，各成一路縱隊面對雙槓一端站立。組織者發令後，各佇列隊依次沿著箭頭方向，向雙槓下鑽跑，然後回到起跑線。

**練習建議：**可以採用手拉手的方法進行活動，也可以採用接力的方法進行鑽跑。

**安全提示：**在鑽跑過程中不要碰到雙槓上。

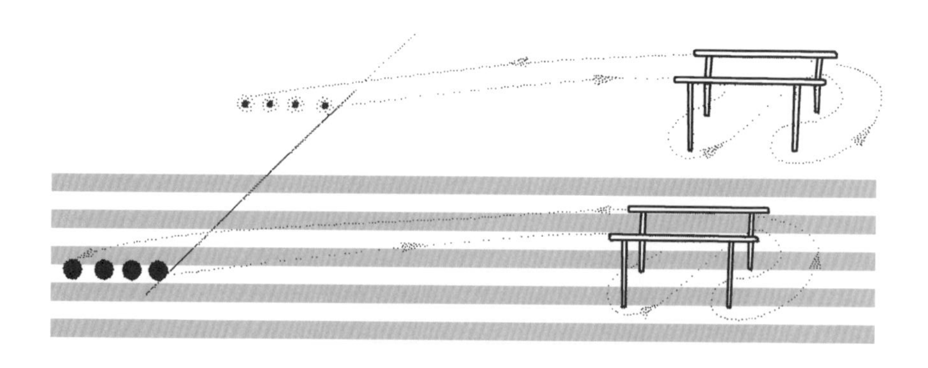

## ② 雙人搖圈跳

**動作方法：**一人雙手握圈，雙腳跳起同時跳進藤圈，另外一個練習者與之面對面，同時跳起，並經頭上穿過至體前。循環練習。

**練習建議：**兩人配合熟練後可以相向對著跳圈，可以雙腳同時或者雙腳依次跳圈。

**安全建議：**控制好兩個人之間的距離。

## ③ 穿過地道

**動作方法：**兩人手拉手做「地道口」，另外兩人手拉手依次從「地道口」鑽入。出「地道口」後由他們再搭成「地道口」依次輪換。

**練習建議：**做「地道」和穿地道要依次進行，要手拉手。

## ④ 鑽山洞

**動作方法：**兩個同學拉手一臂在上一臂在下做成「山洞口」，練習者鑽進「山洞」，再從山洞中爬出。

**練習建議：**「山洞口」可以調整高度，練習者可用爬、跳、魚躍等方式進洞口，在山洞中可用匍匐等姿勢爬行。

**安全提示：**做「山洞口」的同學在練習者進行鑽越時不可隨意鬆手、亂動。

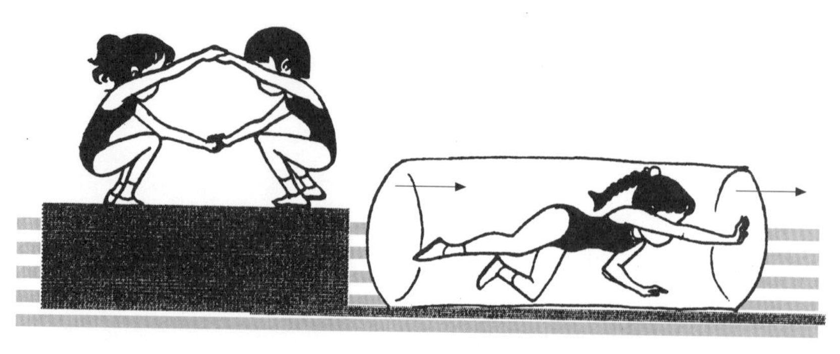

## ⑤ 鑽低繩

**動作方法：**組織者發令後，練習者迅速向前跑進並鑽過 3 道低繩，然後跑到終點從外側跑回起點，與第 2 人擊掌，自己站到隊尾，第 2 人接著做。

**練習建議：**繩子的高度要適度，不能太低；若練習人數較多，可適當增加分組數。

**安全提示：**注意地面不能太滑，在轉彎處防止摔倒。

## ⑥ 萬眾一心

**動作方法：**用一條大繩子把全組人圈在一起（人在繩圈中），聽到開始比賽的信號後，這一組人一起向前進，鑽過用網子做的隧道跑向終點。

**練習建議：**人數可以由少到多，在鑽圈的時候全組的動作協調一致。

**安全提示：**全組協調，防止摔倒後練習者之間相互擠

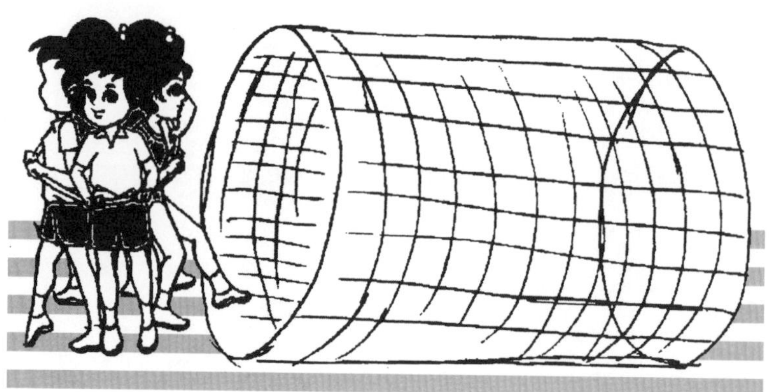

撞。

## 7 躥滾圈

**動作方法：**練習者站在畫好的線後，在 2 公尺左右的距離畫另一條線，由別的同學沿著那條線滾圈，練習者找好圈滾到的合適位置後，躥過去鑽過圈。

**練習建議：**練習者在圈未到的時候就要預備好，可以用魚躍或者兔跳等動作躥過滾圈。

**安全提示：**滾圈的同學不能使太大的勁滾圈，鑽完圈的落地區要平整、鬆軟。

## ⑧ 運動拋接

**動作方法：**運球到橫架處，將球拋起使之越過橫架，在球落地之前從橫架下跑過接住球。

**練習建議：**可根據自己的情況調整拋球的高度和遠度，或越過兩根橫槓接球。

## 中級練習

## ① 趕球鑽門

**動作方法：**練習者用腳控制球，在到一個小門的地方，球和人同時鑽過小門，不可把球先踢過門，人再鑽入。在這一過程中不能用手觸球。

**練習建議：**可以把兩隻手背在身後。球門的高度可以調整。

## ② 看誰靈巧

**動作方法：**頭戴高筒帽子，鑽過空欄架跑去繞過小紅旗返回再鑽欄架，帽子不能用手扶，也不能掉下來。

**練習建議：**帽子高度可由矮到高，鑽越過程中，可爬過去或者躺著用手撐地把身體拖過去，如果把頭抬起來不能使帽子掉地。

**安全提示：**地要平整，跑動中不能為了不使帽子掉地就仰頭不看前方，造成傷害。

## ③ 螃蟹過網

**動作方法：**俯撐或仰撐，兩手撐在肩旁，兩腿伸直併攏，把同側的手和腿同時向一側移動，並把身體重心移到這一側的手和腿上，然後把另一側的手和腿向這一側併攏，用螃蟹式爬行鑽過鐵絲網。

**練習建議：**移動中，手臂要支撐住身體，不要塌腰，熟練後速度加快。鐵絲網的高度可以調整。

**安全提示：**爬行區要平滑，不可有堅硬的凸出物。

## ④ 水中火箭

**動作方法：**在水中設幾個連環圈，練習者要連續穿過這些圈。

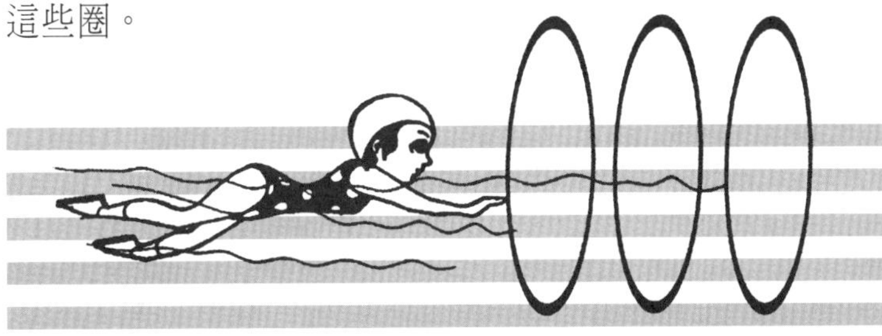

**練習建議：**可以用不同的泳姿穿過圈。

## ⑤ 海豚穿圈洞

**動作方法：**在水面上放上幾個泳圈，練習者學海豚的模樣從水中躍出再鑽進圈中。依次循環練習。

**練習建議：**當熟練以後，可以把雙手背在身後，由頭開始鑽圈。

**安全建議：**穿上安全衣，以防溺水。

## ⑥ 連體鑽圈

**動作方法：**兩人並排站立，借用繩或帶把兩人內側的手和腳連在一起成三手三腳式進行爬行。

**練習建議：**兩人要同時鑽入圈中，在爬行時兩人可用同一種口令協調配合。圈可以圍成帶有弧線形的路線。

**安全建議：**圈中要平滑，不可有堅硬物體。

## ⑦ 鑽怪網

**動作方法：**用竹棍連成形狀不一的「怪網」，這個網的形狀多樣，練習者可以選擇從不同形狀的網洞鑽過。

**練習建議：**練習者可以用身體的各個部位先通過怪網。

**安全建議：**「怪網」的連接要牢固可靠。

## ⑧ 上躥下鑽

**動作方法：**從吊在多槓上開始，靠引體向上的力量把身體拉上去，兩腳搭在另外一個槓子上，從這兩個橫槓之間躥上去，再從另外兩個橫槓之間鑽出來成剛開始的動作。繼續進行，直到把一排槓躥鑽完為止。

**練習建議：**如果手臂力量欠佳，可以運用您身體的慣性把腿搭到槓上。鑽下來的時候兩臂撐住兩槓，緩慢下鑽。

**安全建議：**最好有人在旁邊保護，上下躥鑽時手臂把握很重要，不要造成脫手而產生傷害。

## ⑨ 鑽滾筒

**動作方法：**用不同的滾筒連成不規則的但又相連的地道，練習者順著滾筒用不同姿勢爬出。

**練習建議：**滾筒可做成有坡度的、高低起伏的形狀，像蜿蜒的山脈。練習者可以向上鑽越或者向下鑽越。

**安全提示：**地道的設置一定要牢固，內部不可有堅硬物。

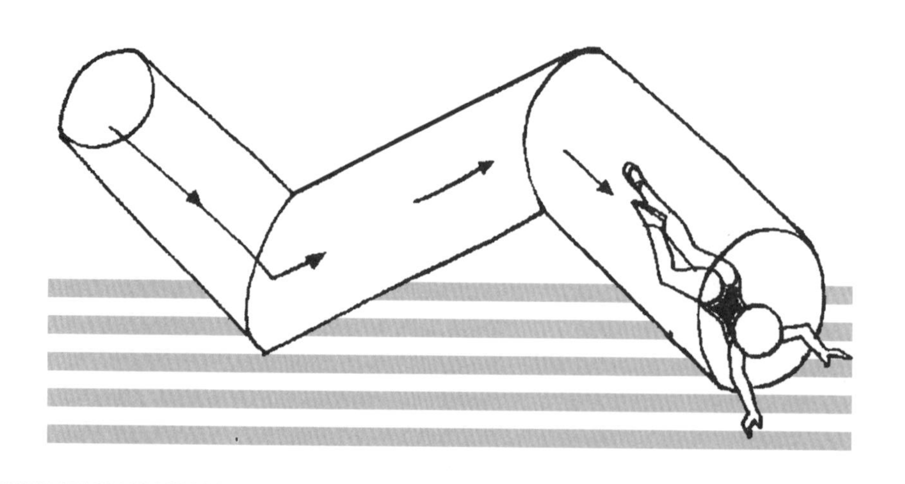

## 高級練習

### ① 解鎖鏈

**動作方法：**學生成一路縱隊站好，每個人身體前屈，左手從胯下向後伸出，右手與前面人胯下後伸的左手互握相連，形成串連著的鎖鏈形，接著從排尾開始身體後倒依次躺在地上，同時全隊迅速後移（兩腳從倒地者的身體兩側後移），凡是倒地者兩手必須前後互握連接，直到最後一人完成為止。

**練習建議：**前後人的手必須相握相連。遊戲也可以在鎖鏈解開後再次還原。

**安全提示：**在移動中，練習者雙腳必須從倒地者身體兩側走過；遊戲最好在草坪或墊子上進行。

### ② 套藤圈

**動作方法：**準備藤圈 8 個。在場地上畫兩條相距 20 公尺的平行線，一條為起跑線，一條為終點線。在起跑線前

5、10、15、20 公尺處各畫一個白點，在白點上放一個藤圈，另一側相同。把遊戲者分成人數相等的兩隊，面對藤圈，成縱隊站在起跑線後。聽到教師發令後，兩個排頭迅速向前跑，跑到每個藤圈處，站在圈中將藤圈從自己的下肢往上套出，然後放回原位，迅速跑回，拍擊本隊第二人的手掌，再站到本隊排尾。第二人按同樣方法進行遊戲，依此類推，先做完的隊為勝。

**練習建議：**完成套藤圈動作之後，必須將藤圈放回原位，否則判失敗，必須重做；第二人必須與第一人拍手後再跑，否則判失敗，必須重做。

## ③ 套 圈

**動作方法：**畫兩條相距 10 公尺的起跑線，在距起跑線 4 公尺處畫兩條平行虛線，虛線上擺上與學生相等數量的藤圈。把學生分成人數相等的甲乙兩隊，分別站在兩條起跑線上，每人對準一個藤圈。教師鳴笛後，全體學生奔向自己面對的藤圈中間，用手拿起藤圈由上至下套過自己的整個身體，然後放在原地，迅速跑回站好隊。以行動快和

隊伍齊的一隊為勝。

**要點：**必須按規定完成動作；藤圈不得挪開原位，也不許搶跑。

**練習建議：**要求動作必須符合規定，快速完成動作。

## ④ 跑壘鑽圈

**動作方法：**根據人數多少在地上畫一長方區，兩端線正中各豎一藤圈。把學生分成人數相等的甲乙兩隊，相對站在邊線上。教師說兩遍「左右搭肩直角坐」以後，立即鳴笛。學生聽到笛聲後馬上轉向排頭成一路縱隊，沿場地邊線逆時針方向跑步，依次鑽過藤圈，到達對方的位置上完成教師規定的動作，行動快，姿勢準確的一隊為優勝。

**要點：**不能碰倒藤圈；全體完成動作才算結束。

**練習建議：**可採用 3 戰 2 勝或 5 戰 3 勝的方法計分；術語要簡單明瞭，並與學生的接受能力相適應。

## ⑤ 鑽 山 洞

**動作方法：**準備小旗 4 面，藤圈 4 個，墊子 4 塊。在場地上畫一條起跑線，起跑線前 5 公尺處，畫兩條相距 2 公尺的平行線為「河溝」，8 公尺處分別放一塊墊子和一個藤圈，10 公尺處對準墊子插一面小旗。把遊戲者分成人數相等的 4 隊，成縱隊分別站在起跑線後，各隊選出一人，在墊子前拿一藤圈做成「山洞」，「洞口」對準本隊排頭。教師發令後，各排頭迅速前跑跳過「河溝」，鑽過

「山洞」，跑到終點繞小旗從左側返回，返回時再跳過「河溝」，拍第二人的手掌。第二人用同樣方法進行遊戲，依此類推，以先完成的隊為勝。

**要點：**必須按規定的方法過「河溝」「鑽山洞」，繞過小旗，否則判該隊失敗；後面的人不能踩線，必須被拍手後再跑。

**練習建議：**可以根據上課練習密度的要求，安排器械間的距離。

## ⑥ 鑽跳賽

**動作方法：**準備一排球場地。人數相等的兩縱隊站在端線外，各隊第 1 人進入場內兩腿分立，弓背彎腰，雙手扶膝站穩，第 2 人以雙手按第 1 人背做分腿騰越後，前跨一步，做與第 1 人相同的姿勢；第 3 人從第 1 人背上做分腿騰越後，再從第 2 人腿下鑽過，並前跨一步與第 1、2 人做同樣姿勢。以下第 4、5 人——同樣做跳躍、鑽過動作，

先完成者為勝。

**要點：**以教師鳴笛開始，不能先行起動；障礙之間距離不得大於 2 公尺以上；必須依次序先後跳、鑽，不得繞過。

**練習建議：**活動前先做幾次分腿騰越的練習。

**安全提示：**分腿騰越中，充當馬鞍的學生不可直腰，身體保持穩定。

## ⑦ 地 道 戰

**動作方法：**準備排球兩個。教師可將學生分成人數相等的兩隊，各成橫隊面向同一方向手拉手站好，各隊排頭手持球做好準備。教師發令後，各隊排頭迅速繞向本隊第 2 人身前，從第 2 人和第 3 人手臂下鑽過。接著繞到第 3 人身後，從第 3 人和第 4 人手臂下鑽過。如此依次跑到隊尾，將球滾給本隊第 2 人後與排尾拉手站好。第 2 人接球後依前進行，直至全隊輪流做一次，最後，以先做完的隊

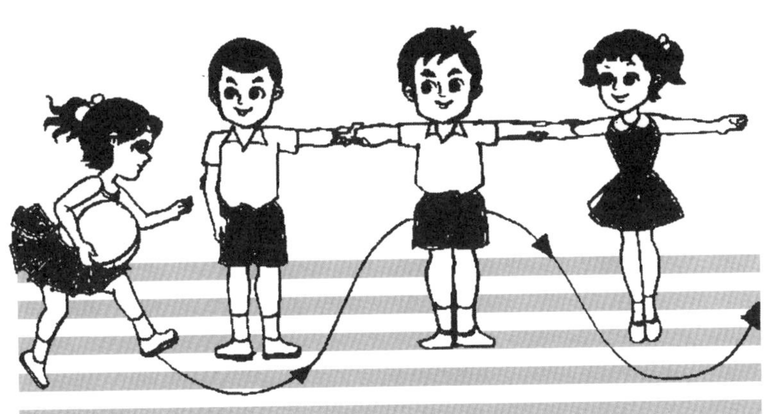

為勝。

**要點：**各隊手拉手時，必須將手臂伸平，不得縮短彼此間的距離；傳球曲線跑時，必須按順序繞行鑽過，違規者重新跑。

**練習建議：**此遊戲也可成縱隊進行，後面人手搭前面人的肩，依次繞行鑽過後，將球從開立的腿下滾給第 2 人；做完曲線跑後也可將球依次傳遞給本隊第 2 人。

**安全提示：**搭好手的同學不能亂動，以防影響正在鑽的同學。

# 六、搬運類練習

## 初級練習

### ① 換物接力

**動作方法：**在起跑線 15 公尺處畫兩個直徑為 0.5 公尺的圓圈，兩圈距離 2 公尺，圈內各放兩個排球。發令後，兩隊分別派第 1 名隊員手持 2 個籃球向各方圓圈跑去，把原來放在圈內的球換回來交給本組的第 2 人。依次進行，先跑完的組為優勝。

**練習建議：**物品必須交換，且不能滾出圈外。

**安全提示：**跑步時交換物品不要擋住視線，以免撞到或絆腳。

## 2　搬 金 磚

**動作方法：**10 人一組，第 1 人把磚從左側向後傳，傳到隊伍最後一人時，從隊伍右側傳回。

**練習建議：**可以兩組或多組同時比賽，用時短者勝。

**安全提示：**傳磚時要注意安全。

## 3　頭上傳遞

**動作方法：**多人站成一隊，雙手持球，身體後屈，將球經過頭頂傳至後面的人，反覆進行。

**練習建議：**練習前身體做適當活動，球不宜過重。

**安全提示：**球大小適中，上肢活動開，以免傳遞時摔倒。

## ④ 蹲走搬運

**動作方法：**每人兩個球，鉛球或籃球；準備 20 公尺跑道 2 條，計時表 1 塊，畫出起跑線和終點線；發令員、計時員各 1 名。比賽者蹲下抱著兩個球，向前移動，以最快速度到達終點，按時間決定名次。

**練習建議：**搬運時球不能落地，搬運中不能站起。

**安全提示：**比賽前做好準備活動，尤其是要防止腳踝扭傷。

## ⑤ 趕「綿羊」

**動作方法：**將參加活動的學生分成人數相等的甲乙兩隊，站在跑道起點線後。教師發令後，各隊第 1 名同學用手撥著籃球跑，繞過小紅旗再撥球返回起點，把球交給第 2 名同學，然後依次進行，直到全隊每人完成一次，最後以先完成的隊為勝。

**練習建議：**手不能脫離球，最好在籃球場進行。如果在操場上或空地上，則需要畫兩道寬 2 公尺、長 26 公尺的跑道，在跑道兩端各插一面小紅旗。

**安全提示：**注意身體不要過分前傾，保持身體平衡。

## ⑥ 直線往返運球

**動作方法：**當裁判員發出「開始」口令後計時開始，1 號遊戲者立即用右手運球前進，當運至終點時繞過標誌物，返回起點線時，計時停止，以運球的速度排定名次。

**練習建議：**跑一步運一次球或跑兩步、跑三步運一次

球，可根據遊戲者的水準而定。往返都用正手運球。

**安全提示**：不設嚴格的分道，遊戲者運球時儘量避免撞人。運球時上體前傾，運球臂用力要均勻，以便控制球。

## ⑦ 帶上假髮

**動作方法**：畫兩條相距 20 公尺的平行線，兩個小朋友站在起點，頭頂一本雜誌，老師發出口令後，兩人跑向終點，誰先到就獲勝，如雜誌掉落，應從掉落處重新頂上雜誌跑完全程。

**練習建議**：身體要前傾。

**安全提示**：不要光顧著頭頂而忘記腳下，以防摔倒。

## ⑧ 金盤戲球

**動作方法**：每人手持一個乒乓球拍，球拍上放一個乒乓球（或實心球），學生用球拍托球跑 15 公尺，球不能掉到地上，否則重跑。

**練習建議**：將學生分為兩組，雙方展開接力式比賽，可提高學生間的團體合作精神和競爭意識。同時，此遊戲娛樂性強，可增強學生靈活性。

**安全提示：**當注意力全部集中在手上的時候，也應該注意腳下的安全，避免摔倒。

## 中級練習

### ① 頂球接力

**動作方法：**分成人數相等的兩隊；各隊再分甲乙兩組，成縱隊分別相對站在兩條起跑線後；各隊甲組排頭用手扶球頂放在頭上，做好準備。發令後，頂球者迅速將手放開向對面走或跑去，跑到對面時把球交給本隊乙組排頭，自己站到乙組隊尾，如此依次進行，直至每人輪換一次，最後以先跑完的隊為優勝。

**練習建議：**選用比較鬆軟的實心球，遊戲前應先試做練習，不得搶跑，頂球跑時，不得用手扶球，如球

從頭頂滾落，必須在掉球處將球放好再準繼續前進。

**安全提示：**跑動過程中保持平衡，防止跌倒或扭傷。

## ② 運 金 豆

**動作方法：**紙簍兩個，乒乓球 5 個，筷子 1 雙；在起點與終點各放一個紙簍，兩簍相距 10 公尺，終點的紙簍裏放 5 個乒乓球，遊戲者用筷子夾球，將球運回起點的紙簍。

**練習建議：**2 人一組比賽，用時最短者勝。

## ③ 轉移物品

**動作方法：**將散落四處的物品撿起堆起來，每個人堆一堆，跑回來擊打同伴的手，換下一人繼續堆。

**練習建議：**可以分組比賽，物品堆倒了要重新堆好。

**安全提示：**注意不要讓物品砸到腳。

## ④ 運球上樓

**動作方法：**參加遊戲的人拿一個乒乓球拍，把乒乓球放在拍上，老師說開始比賽後，參賽人員不但要保持乒乓球不落地，還要上樓梯，如中途乒乓球掉落，撿起重來，一直到比賽結束。

**練習建議：**手腳配合協調，身體不宜波動太大。

**安全提示：**邊看乒乓球，邊看樓梯臺階。

## ⑤ 接力運輸

**動作方法：**雙腳夾住頭後的沙包，放在同伴的面前，同伴再夾住沙包向後放。

**練習建議：**培養全身的協調能力，使全身得到充分鍛鍊。

**安全提示：**動作要協調、靈活，不要受傷。

## ⑥ 推大輪胎往返跑

**動作方法：**當發令員發出「預備」口令後，遊戲者上道，左腳在前，將輪胎放兩腿間，右腳在後，兩手在上扶正輪胎預備；當發出「開始」口令後，遊戲者邊推輪胎邊跑，繞過本道標誌旗，再返回到終點，計時停止，按計時成績排列名次。

**練習建議：**本比賽為分道跑，串道會影響他人，將取消比賽資格，比賽途中，如輪胎倒地，可重新扶起繼續比賽。

**安全提示：**應選擇平整的柏油路比賽，右手推輪胎前，兩眼要向前看，利用右手掌握方向。

## 7 載重車

**動作方法：**兩個人用兩根木棒抬東西前進。

**練習建議：**可以分組進行接力比賽。

**安全提示：**不要把注意力全放在手上，要小心腳下，不要摔倒。

## 8 猴子抬轎

**動作方法：**兩人頭戴臉盆用竹竿抬著球向標誌物走去，球掉出來，或頭上盆掉了，必須撿起來放好、戴好再走。

**練習建議：**可在規定距離內增加一些障礙物，以增加難度。

**安全提示：**動作要靈活。

## 高級練習

### ① 輪胎搬運工

**動作方法：**遊戲者兩人一組，把輪胎搬至指定的位置。
**練習建議：**兩組進行接力比賽，先完成者獲勝。
**安全提示：**注意雙手的靈活配合。

### ② 運箱子比賽

**動作方法：**每組兩人，手裏各抱一隻箱子，然後一起用手中的箱子共同夾住另一隻箱子，運到目的地。

**練習建議：**分組比賽，看看哪一組配合得最好，任務完成得最快，手腕可彎曲。

**安全提示：**保持上身平衡，別摔倒。

## ③ 偷 瓜

**動作方法：**手中抱著 3 個皮球，腳下踢著 1 個球，繞過標誌物再返回，速度快者獲勝。

**練習建議：**腳下不能過於用力，把球控制在腳下 0.5 公尺範圍內。

**安全提示：**手腳都要靈活，不要摔倒。

## ④ 夾 球 跳

**動作方法：**將球夾在兩腿之間向前跳，或者夾球跳樓梯。

**練習建議：**可分組比賽，按規定先完成的隊獲勝。

**安全提示：**跳樓梯時要注意節奏，避免崴腳。

## ⑤ 救護同伴

**動作方法：**一對一搬運，將遊戲者分為人數相等的兩隊、各隊1、2報數，2人為一組，各排成縱隊站在起點後，鳴哨開始，各隊單數隊員將雙數隊員搬至終點，然後交換搬回起點；不許犯規，先完成的隊為勝。

**練習建議：**根據參加者的體力，指定適當的搬運距離，並根據參加者的身體狀況調整配對組合。

**安全提示：**搬運過程中要小心，避免被搬隊員摔傷。

## ⑥ 三磚渡河

**動作方法：**一個人手持3塊方磚，放在腳下，腳不能沾地，用手移動方磚，腳只能踩著3塊磚前進，一共前行30公尺。

**練習建議：**具有靈活性，用最簡單的方法移動方磚，而且腳不能沾地。

**安全提示：**這項運動比較容易弄傷腳踝，請參賽者踩在磚上加倍小心，還要注意放磚時別碰傷手。

## ⑦ 合作運寶

**動作方法：**集體遊戲，畫出10公尺長的路作為運寶路線，兩個人一組，每個人拿一根竹棍，兩個人共夾一隻皮球，走向線的另一端，然後再折回到原點，最先做完的隊獲勝。

**練習建議：**兩人互相配合，步伐一致。

**安全提示：**不要相撞或摔倒。

## ⑧ 難對付的圓球

**動作方法：**個人比賽，6～8 人，畫兩條相距 15 公尺的平行線，一人拿兩根竹棍從起點跑至另一條線，用兩根竹棍同時夾起兩個球，再跑回起點。

**練習建議：**夾球時位置靠下會容易些。

**安全提示：**小心不要摔倒。

# 七、負重類練習

## 初級練習

### ① 背推拔河

**動作方法：**畫好中線與底線，兩個比賽者背靠背立於中線兩旁，然後做馬步姿勢，兩手撐於大腿上，兩人的背緊貼。發令後，各用背或臀部向後推移，迫使對手前移，越過對方所面向的底線為勝。

**練習建議：**按體力搭配好對手，或讓學生自己挑選對手。

**安全提示：**練習時不能有一方突然放棄，以免摔倒受傷。

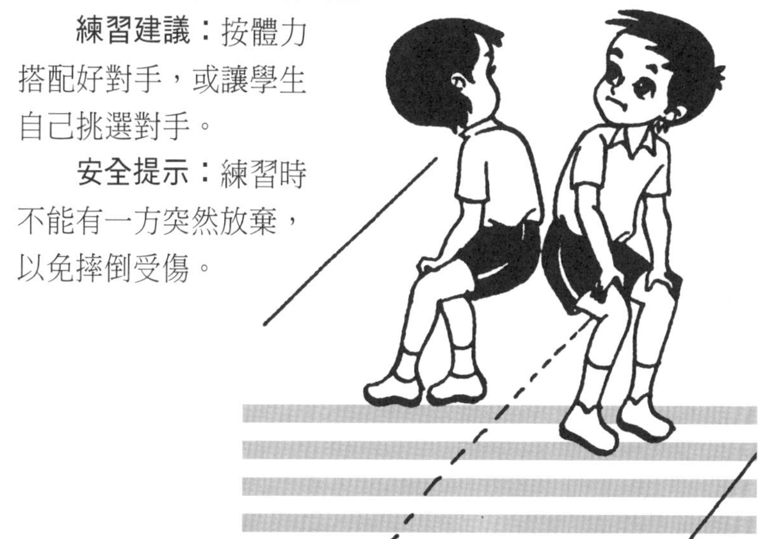

## ② 四足轎車

**動作方法：**猜拳決定誰當乘客，「乘客」反坐在轎車上，兩「車夫」抬著「乘客」走 5～10 公尺，再猜拳，贏了的當乘客，輸了的當車夫。

**練習建議：**根據練習者力量的大小進行分組；坐轎車的距離根據情況隨時調整。

**安全提示：**轎夫一定要抬穩轎子，如沒有力氣要提前放下轎子，以免摔傷「乘客」。

## ③ 單臂舉啞鈴

**動作方法：**身體直立，單手拿起啞鈴向上方伸直手臂，手心向裏，上臂向上不動，前臂向身體內側下降，手持啞鈴順著頭後部沿頸椎向下，直到無法再向下為止，手心向著頭後，再慢慢向上抬起前臂，直到前臂與上臂成一條直線為止。

**練習建議：**上臂和肩不要動，以免借力，只動前臂。
**安全提示：**手要抓緊啞鈴，防止啞鈴掉下砸傷自己。

## ④ 沙袋負重

**動作方法：**將沙袋綁在小腿或手臂部位，練習開始後，練習者跑出，跑至 50 公尺處繞過標杆，返回起跑線。

**練習建議：**在練習初期，沙袋不要過重，同時練習時間不宜過長。

**安全提示：**此項練習要根據自己的情況而定，不可隨意練習，以免拉傷肌肉。

## ⑤ 肩挑同伴

**動作方法：**當發令員發出「預備」口令時，挑扁擔的同學肩負扁擔站穩，同伴分別在扁擔兩端用手攀上扁擔，此時挑扁擔同學根據兩端的重量找好支點待平衡後站穩。發出「開始」口令後，挑扁擔的同學立即挑著同伴向前快

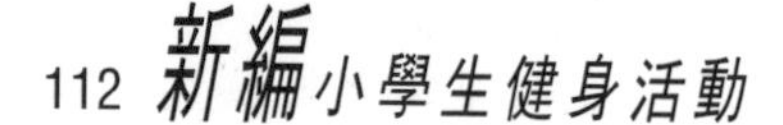

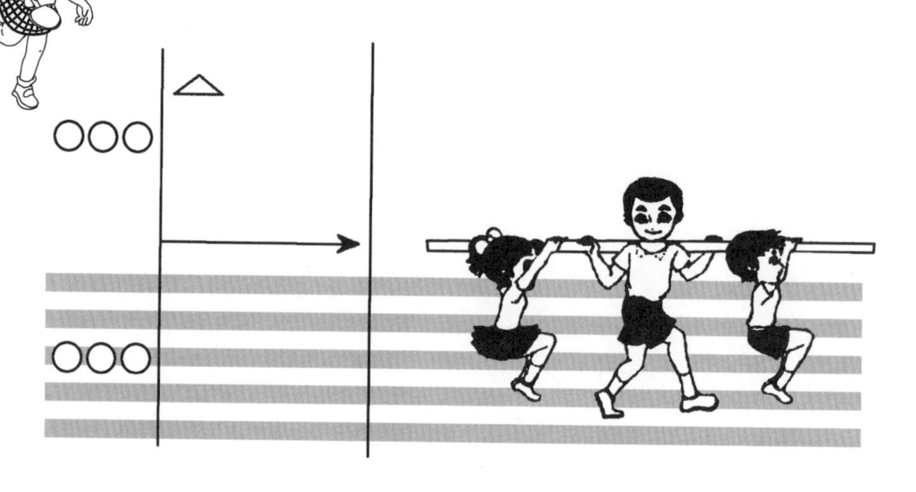

走，直至挑扁擔同學的軀幹通過終點線為止。

**練習建議：**為防止扁擔在肩上滑動，可一手在前、一手在後，或雙肩挑，兩手在兩側扶住扁擔。

**安全提示：**比賽途中，如某一同伴堅持不住，挑扁擔的同學要停止前進，放下扁擔，待同伴休息一會兒再繼續前進。

## ⑥ 腰背提槓鈴冠軍賽

**動作方法：**體前屈站立，兩手握槓鈴杆，當找到平衡後利用伸腰背的力量向上提起槓鈴，稍停 3 秒鐘即為成功。每人可要 3 個重量，以個人腰背提鈴重量多少排名次。

**練習建議：**每個槓鈴重量有兩次試提機會。另外，雙臂不能用力提，要靠腰背力量把槓鈴提起，違者取消比賽資格。

**安全提示：**比賽時，要充分做好熱身活動，特別是腰腹和脊柱部位。

## ⑦ 寬距俯臥撐對抗賽

**動作方法：**當裁判員發出「預備」口令後，遊戲者兩腿下蹲，兩手相距比肩寬，各握一啞鈴撐地，兩腿並腿後伸，用前腳掌撐地，身體挺直，兩眼看地預備。當聽到「開始」口令後，呼氣同時兩臂向下緩慢彎曲，當胸接近地面時，兩肘高於肩，然後在憋氣瞬間，兩臂用力快速推啞鈴撐直。

**練習建議：**此種俯臥撐難度較大，動作節奏要適宜。

**安全提示：**啞鈴要放穩，手也要扶穩，防止啞鈴滑動。

## ⑧ 「高人」投籃

**動作方法：**發出「預備」口令後，一人騎在另一人雙肩上，上者兩腿與下者兩臂掛緊組成一高人。當發出「開始」口令後，每個「高人」投 10 個球，然後換下一個「高人」進行練習。

**練習建議：**開始練習時距籃筐距離可近些，然後逐漸後移。

**安全提示：**為了安全起見，兩者搭配時上者要體輕，下者要體壯。

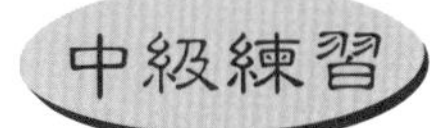


## ① 雙肩負重迎面拉力

**動作方法：**練習準備時，每隊練習者 1 號將重物扛在雙肩上站在起跑線後。練習開始，1 號練習者向前跑出，跑至 50 公尺端線處，將袋交給 2 號練習者，2 號跑完再將袋交給 3 號練習者，如此進行。

**練習建議：**練習時重物如掉地，若自己能再扛起可繼續練習；另外，可以根據練習者的年齡、性別，採用不同重量的重物。

**安全提示：**練習者要注意做好熱身，特別是做好頸、腰、膝關節的肌肉和韌帶的熱身活動。

## ② 駿馬馳騁

**動作方法：**練習者 3 人一組，一人在前直立做馬頭，一人屈體並用手扶住前面人的腰做馬身，第 3 人騎在馬上。

練習開始後，3 人快速向前跑。

**練習建議：**該專案可以遊戲的方式進行，並相互替換。

**安全提示：**騎「馬」的同學不要在「馬」上亂動，以防傷害。

## ③ 窄臂俯臥撐接力賽

**動作方法：**當裁判員發出「預備」口令後，遊戲者下蹲，兩手併攏直臂撐地，分腿後伸腳掌蹬地，身體挺直，兩眼下視。當發出「開始」口令後，遊戲者呼氣同時兩臂彎曲，胸接近兩手時，同時憋氣，兩臂用力快速再撐直。

**練習建議：**勻速完成每一個俯臥撐，以利從中放鬆兩臂肌肉，增加支撐次數。

**安全提示：**地上放上墊子，以免沒有力氣時突然放鬆、下巴磕地。

## ④ 拉　臂

**動作方法：**直立在單槓下面，雙手正握單槓，手的位置比肩略寬，要保證拉起時上臂與前臂伸直，然後慢慢向上拉起身體，身體不要前後擺動，在上升過程中要保持直立，拉起，下額過槓後，再慢慢向下，直到臂伸直。

**練習建議：**手的握距不要過寬，也不要過窄，身體要

保持平衡，不要亂晃，不要借力。

**安全提示：**要戴上護手，以免出現滑槓。

## ⑤ 抱腰拔河

**動作方法：**將練習者分成相等的兩隊，面對面，各成縱隊，站在中線兩側。裁判員發出「預備」口令後，兩隊排頭雙手握住同一根（橫向）木棒，後面的人緊抱前面人的腰部。裁判員發出「開始」口令後，雙方各自用力向後拉，把對方全部拉過中線的隊為勝。

**練習建議：**如人數過多可以採用淘汰制方式，輪流比賽；或幾隊同時進行比賽，勝隊對勝隊，負隊對負隊，最後決出優勝隊。

**安全提示：**比賽時一方不能突然鬆手，以免摔倒受傷。

## ⑥ 雙手提重物跑

**動作方法：**練習者提起兩個裝沙土的塑膠桶站在起跑線後，練習開始後，練習者立即向前跑至 50 公尺處繞過標

杆，返回起跑線，軀幹到達終點停止計時。

**練習建議：**根據學生的具體情況來確定裝沙土的重量。

**安全提示：**兩手所提的重物中途不可落地，以免砸傷腳。

## ⑦ 臥　推

**動作方法：**身體平躺在木板上，雙手抓住槓鈴，直臂推起槓鈴，然後慢慢屈臂，放在約第一根肋骨處，稍停，再推起槓鈴，直到直臂。

**練習建議：**抓槓時，兩手間距離略比肩寬，放下時要慢，到位。

**安全提示：**做練習時要有人保護，以免推不起時槓鈴壓胸。

## ⑧ 「高人」傳接球

**動作方法：**發出「預備」口令後，一人騎在另一人雙肩上，上者兩腿與下者兩臂掛緊組成一「高人」，當再發出「開始」口令後，兩「高人」之間進行傳接球練習。

**練習建議：**開始時進行原地練習，待熟練後再進行移動的傳接球練習；也可以比賽的形式進行。

**安全提示：**為了安全，兩者搭配時上者要體輕，下者要體壯。

## 高級練習

### ① 負重跑磚道

**動作方法：**當裁判員發出「預備」口令後，練習者在本跑道起跑線後，兩手在腰側各夾一實心球。當發出「開始」口令後開始計時，練習者立即向前踏磚跑進，如沒有踏準磚而落地，可重踏，直至跑過終點線停止計時。

**練習建議：**在開始練習時，可以先進行徒手踏磚跑，再進行負重踏磚跑；在跑的過程中，寧肯慢、踏準，也不要為快而落地。

**安全提示：**在跑的過程中要目測好磚塊的踏點，要踏穩，防止扭傷腳；另外要夾緊實心球，以免落地砸傷腳。

### ② 單臂交替提木桶走

**動作方法：**練習者右腿支撐體重，右臂提桶準備。當練習開始後，練習者右臂提桶向前走，當走至25公尺線處

改換左臂提桶，直到終點線。

**練習建議：**練習者要先學會蹬地與擺桶交替配合動作，達到協調。練習時只能走，不能跑。

**安全提示：**練習者的鞋底要有一定的摩擦力，防止滑倒。

## ③ 跪撐爬行

**動作方法：**一練習者成跪撐姿勢，另一練習者趴在其背上成準備姿勢。開始練習時，下面的練習者背著上面的練習者向前爬行。

**練習建議：**下面的練習者體力要好，上面的練習者體重要輕。可以背人或背重物爬行。

**安全提示：**下面的練習者雙膝和雙手要戴護具，以免擦傷。

## ④ 拉輪胎往返跑

**動作方法：**當發令員發出「預備」口令時，各組第 1 位練習者將繩套在腰際，站在 50 公尺端線後成站立式起跑姿勢。當發出「開始」口令後，第 1 位練習者拉起輪胎起跑，跑至 50 公尺另一端線後，第 2 位練習者接過繩索，套在腰間，返回起跑線，將繩索交給第 3 位練習者。依此類推。

**練習建議：**在拉輪胎快跑過程中，跑得越快越省力，所以當加到一定速度後要保持此速度，同時兩臂用力擺動；跑動的距離可根據練習者的情況進行調整；如沒有輪胎可以用其他物品代替。

**安全提示：**繩子不要太細，要檢查好繩套拴得是否結實。

## ⑤ 飛　鳥

**動作方法：**身體平躺在木板上，兩臂向身體兩側打開，拿起地上的兩個啞鈴，軀幹、上臂、前臂在同一水平面上，手握好啞鈴，手心向上，慢慢向上舉起啞鈴，直到雙臂向上平行，肘部伸直，然後再慢慢放下雙臂，到水平位置即可，再慢慢向上舉起啞鈴。

**練習建議：**練習者根據自己臂力的大小調整啞鈴的重量；在練習過程中，上臂與前臂的相對位置始終不變，要靠胸大肌的力量把雙臂抬起。

**安全提示：**放下速度要慢，力量不要太大，以免拉傷胸大肌。

## ⑥ 同伴間撈魚

**動作方法：**當發出「預備」口令後，甲同學蹲下，乙同學騎在甲同學的肩上，甲同學用雙臂勾住乙同學的腿，

乙同學一隻手按住甲同學的頭。當發出「開始」口令後，甲同學向前跑，到達塑膠盒時站住。乙同學用手中的長把勺去撈盆中的「魚」——小球，撈上一個，即放在甲同學手中的撈網內。

**練習建議：**同伴間要互相配合，隨「撈魚者」移動而移動。賽前同伴間先進行練習，以便提高撈魚技巧。

**安全提示：**「撈魚者」一定要在同伴肩上坐穩。

## ⑦ 頂天立地

**動作方法：**倒立，貼於牆上，重心掌握好，兩臂慢慢彎曲，到達極限，然後再慢慢撐起，直至手臂撐直。

**練習建議：**兩腳貼於牆上，兩手距離牆 20～30 公分，有利於重心的支撐。

**安全提示：**可以兩人進行練習，其中一人保護幫助。

## ⑧ 「高人」運球

**動作方法：**發出「預備」口令後，一人騎在另一人雙肩上，上者兩腿與下者兩臂掛緊組成一「高人」，手持一球，站在起跑線後。當發出「開始」口令後，即運球前

行。

**練習建議：**練習前每個練習者要掌握原地運球技能，開始練習時「高人」可進行原地練習，待熟練後再進行行進間運球練習。

**安全提示：**兩者搭配時上者要體輕，下者要體壯，以防摔倒受傷。

# 八、支撐類練習

## 初級練習

### ① 仰　撐

**動作方法：**仰撐，雙手手掌和雙腳腳跟著地，挺胸收腹，使身體在一平面上。

**練習建議：**在完成仰撐動作後，為了增加難度，可進行移動。

**安全提示：**在移動時要小心因地滑而摔倒受傷。

### ② 橋 形 撐

**動作方法：**兩腳分開站立，兩臂上舉後，上體儘量後屈，然後用手撐地成橋形。

**練習建議：**開始練習時，可從仰臥挺身成橋起。

**安全提示：**保護者站在練習者的側面，一手托其肩部、另一手托其腰部進行保護。

## ③ 仰 平 衡

**動作方法：**單腳支撐，上體後仰至水平，一腿前舉，兩臂側平舉。

**練習建議：**根據學生的年齡和練習情況，可由地面移到低平衡木上進行，以增加難度。

**安全提示：**只有地上練習熟練後，才能在平衡木上做。

## ④ 對腳角力

**動作方法：**練習者兩人為一組，面相對坐在地上，互相以一隻腳的腳掌相對，兩手在體後撐地，將臀部抬起。練習開始後，兩隻腳同時用力，使對方後退或臀部著地。

**練習建議：**可以採用比賽方式，臀部著地算倒地。只許兩隻腳相對角力，不許用腳踢、蹬其他部位。

**安全提示：**練習前要做好準備活動，不準故意躲閃和鬆勁，防止發生傷害。

## ⑤ 單槓正撐

**動作方法：**直臂正握，雙腳蹬地上跳成支撐，腹部靠槓，抬頭挺胸。

**練習建議：**根據學生的身高，選擇適當的單槓高度，可用移動來增加難度。

**安全提示：**保護者站在槓後一側，一手扶練習者上臂，另一手托其大腿，助其完成正確的支撐。

## ⑥ 雙槓單跪撐

**動作方法：**在雙槓上，一腿跪在一槓上，同時兩手撐於另一槓上，雙臂挺直，另一腿後舉。當腿後舉時，應盡力地向上抬高，弓腰，抬頭。

**練習建議：**練習時，可先練習雙膝跪撐，或在鞍馬上進行練習，以減小難度。也可一腿向前或向後伸。

**安全提示：**練習時要注意掌握好支撐點，防止滑脫。

## ⑦ 雙槓單腿前伸蹲撐

**動作方法：**兩手支撐於雙槓上，一腿成蹲立時，另一腿向前伸。

**練習建議：**練習時前伸的腿還可向後、向側伸，以增加練習的樂趣。

**安全提示：**開始練習時要有同伴在旁保護。

## ⑧ 平衡木上蹲撐

**動作方法：**雙手雙腳支撐蹲於平衡木上，兩臂伸直，軀幹和頭部要在同一平面上。

**練習建議：**為了降低練習難度，開始時可在鞍馬或雙槓上進行練習。

**安全提示：**可在平衡木下墊上體操墊。

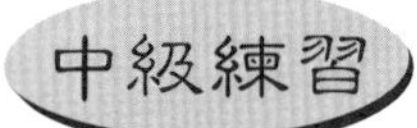


## ① 雙腳墊高俯臥撐

**動作方法：**練習者做好預備姿勢，兩腳放在椅子上，身體挺直，目視下方。練習開始後，兩臂緩慢彎曲，開始做俯臥撐。

**練習建議：**此種俯臥撐難度較大，屈臂向下動作要緩慢，撐臂向上動作要快，這樣的節奏比較合理。

**安全提示：**練習者在無力時，容易出現向下屈臂時失去控制，因此要適時結束練習。

## ② 頭手倒立

**動作方法：**蹲撐，兩手與前額撐地成一等腰三角形，兩腳蹬地收腹提臀，當臀部提至垂直部位時，伸直髖關節成頭手倒立。

**練習建議：**保護者站在練習者側前方，兩手扶腿助其提臀和維持身體平衡。練習者的自我保護時：如果身體向前失去平衡，應及時低頭，屈體團身向前滾翻。

**安全提示：**練習時伸髖不宜過猛，身體應儘量伸直。

## ③ 雙人俯臥撐

**動作方法：**下面的練習者兩腿下蹲，兩臂同肩寬撐直，兩腿後伸，手撐地，身體挺直抬頭。上面的練習者兩臂撐在下面練習者兩肩上，左右分腿，兩腳撐其腿兩側，身體挺直。練習開始後，兩人同時向下屈肘，與肩同高，再同時撐直。

**練習建議：**每對練習者適宜搭配時，下面練習者的臂力要大，上面練習者身體要輕。練習時間不宜過長。為做到同步撐起，下面的練習者可喊「起」。

**安全提示：**在疲勞的情況下，上面練習者要主動站起，以防下面練習者被壓傷。

## ④ 三點支撐頭頂球

**動作方法：**練習者下蹲，兩手一腳撐地，另一腳向後方舉起。練習者頭頂一次球，當球向前滾動時，兩臂向前撐地，支撐腿屈膝前跳，三點支撐後，頭頂球。如此多次重複。

**練習建議：**練習時可以在沙灘上或地毯上進行。頭頂時要頂球的下半部，以利於加快球滾動的速度。

**安全提示：**練習前做好頸、肩、腰部的準備活動。

## ⑤ 沙灘坐走

**動作方法：**練習者赤足坐在沙灘上，兩手掌於體側撐地，兩腿屈膝。兩腳跟撐地，練習開始後，練習者四點撐地，臀部抬起向前移一定的距離後坐下，兩腳跟、兩手掌隨之前移。如此重複。

**練習建議：**練習時，如果上肢力量和肩關節靈活性較差，則臂前移距離可適當縮短，以加快臂部前移頻率，提

高速度。

**安全提示：**練習過程中要注意身體的平衡性，此活動最好在沙灘或體操墊上進行。

## ⑥ 俯撐前進

**動作方法：**練習者蹲下，兩手撐地，兩腿伸直成俯撐。練習開始，練習者雙手、雙腳同時用力撐離地面，跳著向前移動。

**練習建議：**練習者四點支撐，同步撐離地面前移，腹部不得觸地。該練習可以採取遊戲的方式進行。

**安全提示：**此練習可在塑膠跑道或體操墊上進行。

## ⑦ 仰姿前行

**動作方法：**練習者背對著前進方向成仰姿躺地，兩臂放於胸前，一腿屈膝，腳跟撐地；另一腿前伸。移動時屈

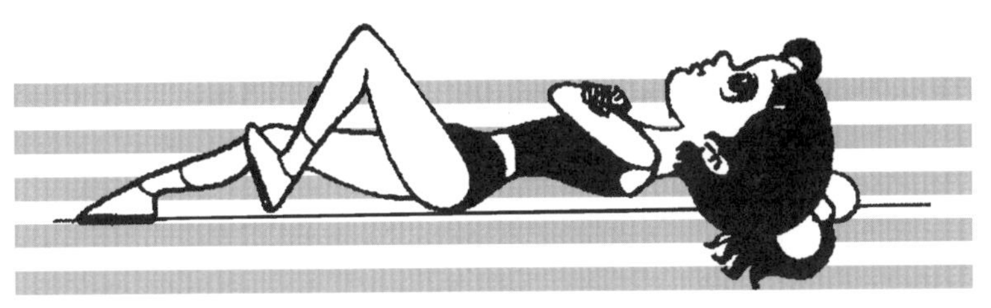

膝腿腳跟用力蹬地，使身體前進；同時另一腿屈膝用腳跟蹬伸，兩腿交替屈膝使身體前進。

**練習建議：**可在光滑的地面、沙灘或在徑賽跑道上進行。

**安全提示：**應穿光滑面料的衣服，以免擦傷背部。

## ⑧ 連續跳「山羊」

**動作方法：**練習者數人成一路縱隊，彼此間隔 2 公尺。除隊尾外，其他的人都向前低頭、屈體，同時雙手放在膝蓋上成「山羊」姿勢站好。練習開始後，排尾迅速用支撐分腿騰越的方法，向排頭依次跳過所有的「山羊」後，保持間隔，成「山羊」姿勢站好。按照上面的方法，依此進行至全隊跳完。

**練習建議：**練習者在做「山羊」姿勢時，頭部可向側面，隊形可為圓圈。為了增加運動量，當第 1 人跳過「山羊」後，第 2 人可以馬上站起跟在第 1 人後面依次進行。

**安全提示：**練習者須掌握支撐分腿騰越，以免受傷。

## 高級練習

### ① 單臂俯臥撐

**動作方法：**練習者下蹲，一臂握在啞鈴杆中點，另一臂放體後，兩腿後伸併攏撐地，身體挺直，將體重大部分落在支撐臂與兩腿上。練習開始後，支撐臂緩慢向下彎曲，使胸部接近地面。當肘高於肩時，支撐臂快速推啞鈴撐直。

**練習建議：**身體重心要控制在支撐臂和雙腿上。

**安全提示：**老師要講清規則，以免犯規。

### ② 膝上燕式平衡

**動作方法：**支撐者成弓步站立，平衡者一腳站於支撐者前腿大腿上，做燕式平衡動作。

**練習建議：**開始做練習時，支撐者可用手扶住平衡者

的膝關節。

**安全提示：**注意支撐者的穩定性，排除一切不穩定因素。

## ③ 倒推車

**動作方法：**練習者仰撐，同伴將其兩腿抬起，做兩手於肩後支撐向前移動。

**練習建議：**練習者兩臂須伸直，不要塌腰，行進如倒

推車狀，速度不能太快。

**安全提示：**同伴要根據練習者的速度前進。

## ④ 直臂撐槓前進

**動作方法：**面對槓端站立，握槓端跳上成支撐。然後兩手依次向前移動，直到槓的另一端。

**練習建議：**兩臂伸直，肩起撐起，保持身體正直，兩腿併攏，除兩臂外身體任何部位不得觸槓。

**安全提示：**可在下麵墊上墊子，以防摔傷。

## ⑤ 雙臂支撐屈體左右過障礙

**動作方法：**練習者兩手撐跳箱一端準備，練習開始後，練習者兩臂用力撐箱起跳，然後含胸、提臀，屈兩腿成蹲姿，臀向右移並腿落地；然後兩臂再用力撐箱，同時含

胸、提臀，屈兩腿成蹲姿，臀向左移並腿落地。

**練習建議：**練習時可根據同學的情況，調整跳箱的高度。

**安全提示：**為了防止手滑，兩手要抹上鎂粉，跳箱的兩側放體操墊。

## ⑥ 三人臂上支撐移動

**動作方法：**兩人相距一步寬左右站立，第三人手扶兩人肩部，跳起成肩上支撐，向前移動。

**練習建議：**要求兩個支撐者的身高基本相等，以增加平衡者的支撐平衡。三人可以交替進行。

**安全提示：**兩個支撐者之間的距離應保持不變，走得不要太快。

## ⑦ 三人倒立移動

**動作方法：**兩人相距一定距離，兩腳左右開立並肩站立，第三者雙手分別放在兩人的腳面上。在左右兩人的保護下做手倒立，然後三人配合向前移動。

**練習建議：**要求兩人支撐前進速度基本一致。

**安全提示：**兩人的距離保持不變，以防發生事故。

## ⑧ 三人高蹺

**動作方法：**兩名學生相距 50 公分左右成馬步站立，第三名學生兩腳分別站在兩名成馬步站立的學生的大腿上，穩定後向前移動。

**練習建議：**開始練習時可用手扶，逐漸過渡到雙手放開。

**安全提示：**注意支撐點的穩定性，以防支撐點滑脫而發生事故。

# 九、平衡類練習

## 初級練習

### ① 閉眼金雞獨立

**動作方法：**兩眼閉合，身體直立，兩臂側平舉保持平衡，一腿支撐，另一腿做不同姿勢的動作。

**練習建議：**先在不閉雙眼的情況下進行練習，然後再進行閉雙眼的平衡練習；教師可以要求學生創造各種金雞獨立的動作。

**安全提示：**練習過程中，周圍不要有障礙物，難度大的動作要注意保護。

### ② 頭 倒 立

**動作方法：**用頭部前額頂在墊子上，與雙手形成三角

形，抬高臀部，雙腳離地，待穩定後，雙手也慢慢離地，以頭部為支撐點保持身體平衡。

**練習建議：**開始練習時，可用雙手撐地以保持平衡，熟練後再進行雙手離地的練習。開始時可在別人的保護幫助下完成動作。

**安全提示：**練習者頸部要緊張，以免扭傷脖子，同時腹部要收緊。

## ③ 蒙眼擊球

**動作方法：**雙眼蒙上，站在距實心球 1 公尺處把棒壓在實心球上。學生原地轉 1 圈，接著用木棒打擊實心球，連續做 3 次。

**練習建議：**逐漸增加轉圈數；不能用棒橫掃。

**安全提示：**周圍要保證沒有障礙物。

## ④ 軟墊上的長凳

**動作方法：**把長凳翻過來放在軟墊上，練習者從長凳

一端走到另一端。

**練習建議：**兩臂側舉保持身體平衡。

**安全提示：**在走的過程中踩穩長凳。

## 5 蹺蹺板遊戲

**動作方法：**兩個人分別站在蹺蹺板的兩端，反覆蹺來蹺去，由兩臂和身體的移動來維持身體平衡。

**練習建議：**剛開始練習時蹺動的幅度可以小點，也可以扶著其他同學，熟練後逐漸增大蹺動幅度。

**安全提示：**腳要踩穩蹺蹺板，必要時在下面放上墊子。

## ⑥ 搶渡「天險」

**動作方法：**遊戲開始時，學生爬上單槓腳踩繩索，雙手扶住上面的單槓，在繩索上安全地走到另一端跳下。

**練習建議：**開始時可在別人的保護幫助下上槓，走的速度也可以慢點，之後逐漸增加在槓上行走的速度。

**安全提示：**為了安全，單槓下面要放上墊子或繩索兩邊站幾名學生進行保護幫助。

## ⑦ 平衡木上跨鑽繩

**動作方法：**沿平衡木、水平木、體操凳上行進，跨過繩子或從繩子下面爬過去，繩子的高度為 30～40 公分。

**練習建議：**根據學生身體情況可以適當增加或降低繩子的高度。

**安全提示：**平衡木下放上墊子，鑽爬時要保持身體平衡。

## ⑧ 雙人過橋

**動作方法：**兩人在平衡木或較高的支撐物上面對面行走，兩人相遇後，互相抱住肩部，各把右腳向前跨一步，使腳掌內側相觸，然後兩人互相扶住並以右腳為軸向左轉過去交換位置，繼續行走。

**練習建議：**在平地上練習，熟練之後再在

平衡木上練習。

**安全提示：**兩人的用力要協調，以免失去平衡。

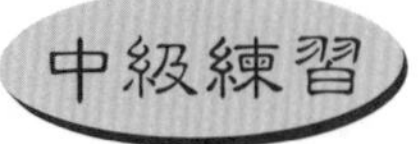



## ① 長凳上的球類練習

**動作方法：**在地板或長凳上運球一次；高拋並再抓住球；把球放在地板上滾動。

**練習建議：**開始練習時運球速度可以放慢一點，拋球高度可以低一點。

**安全提示：**在玩球的過程中要踩穩長凳。

## ② 搖晃木板

**動作方法：**在木板下放上小圓木，幾個人站在木板上進行平衡練習。

**練習建議：**首先，幾個人站在不放小圓木的長凳上進行平衡練習，待能協調保持平衡後再在放有小圓木的木板上練習；也可以逐漸增加人數以增加維持平衡的難度。

**安全提示：**幾個人用力要協調好，不要互相撞擊。

## ③ 在器械上做上山下山動作

**動作方法：**練習者經長杆爬上山，再經雙排長杆到達山的另一頭，經過翻倒的長凳下山。

**練習建議：**先分別在長杆、雙排長杆和翻倒的長凳上練習，待熟練後再連接起來做並加快速度。

**安全提示：**在下面要放上墊子，以免掉下來傷到腳。

## ④ 不同高度的平衡能力

**動作方法：**練習者依次走過由低到高的單槓，只能站立行走不能爬行，由雙臂來維持身體平衡。

**練習建議：**練習者先在低槓上練習，熟練後再在高槓上進行練習。

**安全提示：**單槓要安裝好，人在上面做平衡練習時不應斷裂；單槓下放上墊子。

## ⑤ 平衡木上轉體 180°

**動作方法：**橫立站在平衡木上，一腿前擺轉體 180°，另一腿後擺轉體 180°，依次循環。

**練習建議：**先在平地上練習熟練之後再在平衡木上練

習。

**安全提示：**平衡木一定要穩定和牢固，在做動作過程中整個身體要保持緊張，不要晃動。

## ⑥ 平衡木上踢腿

**動作方法：**單腿站立於平衡木上，另一腿前跨一步，同時兩腿輪流做前踢跳。

**練習建議：**在平地上練習熟練後再在平衡木上練習。

**安全提示：**在做跳躍時，保護者應站在練習者旁邊，看著他的兩腳和著地點，以便在摔下時及時給予保護。

## ⑦ 體操棒在手上保持平衡走

**動作方法：**沿平衡木向前走的同時手掌上托一支體操棒，使它在手掌上保持平衡。

**練習建議：**熟練掌握後逐漸增加走的速度。

**安全提示：**平衡木下放上墊子，走的過程中要用餘光或感覺使身體保持平衡。

## ⑧ 「鴨子」過河

**動作方法：**把練習者分成甲乙兩隊，分別站在自己的「鴨巢」裏。甲乙兩隊的一部分「鴨子」各自出巢成單腳

跳，用推、拉等方式搏鬥；也可以直接通過河界，在過河界時甲乙兩隊守「巢」的「鴨子」百般阻撓，使對方過河失敗。如果甲方的一隻「鴨子」雙腳踩在自己的門上，乙方就不能進入甲方的「鴨巢」。甲方的「鴨子」通過河界衝進乙方的「鴨巢」踩上防線，乙方即失敗。

**練習建議：**根據遊戲者的身體素質進行分組，搏鬥時一對一進行。

**安全提示：**場地要平坦。

## 高級練習

### ① 站立肩部跪平衡

**動作方法：**甲馬步站立，乙站於甲左大腿上部，右腳蹬地並靠甲右臂的回拉使右膝一下跪至甲的左肩上，待完成後，右腿屈膝上提跪至甲的右肩上。甲雙腿站直放開雙手，扶其大腿或腰部幫助維持乙的平衡，乙雙臂可斜上舉

等。

**練習建議：**挑選有一定力量和技巧的同學來進行練習。
**安全提示：**在老師的保護幫助下完成動作。

## ② 站髖平衡

**動作方法：**甲乙兩人相距半公尺，同向站立，丙站於甲乙之間稍後的位置，用左手扶按甲的右肩，用右手扶按乙的左肩，抬左腿踩於甲的右髖上部（側腰），此時甲出右臂抱住丙的左腿，之後丙抬右腿蹬踩於乙的左髖上部

（側腰），乙伸出左臂抱住丙的右腿，丙雙腳站穩後，伸直身體，兩臂可斜上舉，甲乙兩人均伸出外側手臂側上舉。

**練習建議：**在維持身體平衡的條件下，練習者雙手可以採用任何姿勢。

**安全提示：**每個人要站穩，形成一個牢固的支架，練習者要穿軟底鞋，以免擦傷支撐者的皮膚。

## ③ 雙槓和高低槓上的爬行或直立走

**動作方法：**在雙槓和高低槓上四肢爬行或直立行走，但不要從槓上掉下來。

**練習建議：**首先在地面上練習雙槓上的手腳協調爬行動作，再在槓上進行。

**安全提示：**手一定要抓緊槓，在槓下放上墊子。

## ④ 巧過獨木橋

**動作方法：**練習者分成人數相等的 4 隊，每兩隊一組，分別站在平衡木兩端。聽到教師發口令後，遊戲開

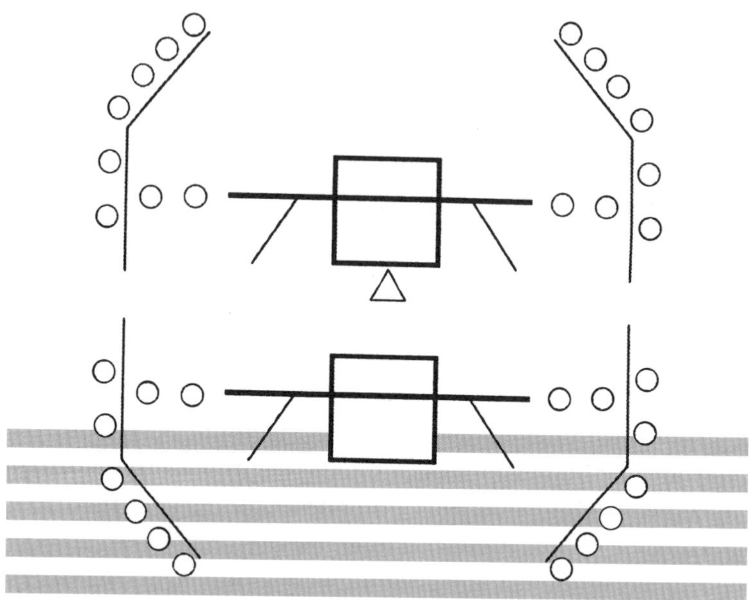

始，兩隊分別由第一人在平衡木上朝對方走，相遇後互相協作，共同配合，使雙方都能順利交換位置通過平衡木。通過的同學排到隊後。如此依次進行。

**練習建議：**沒有平衡木器材，可用 2～3 張長凳代替，人數較多的班級可分成若干組進行練習。

**安全提示：**平衡木下要放墊子，做好保護幫助工作。

## ⑤ 平衡木上後滾翻成單膝跪撐

**動作方法：**仰臥在平衡木上，雙手在頭上扶住平衡木，經後滾翻成單膝跪撐。當身體經過支撐點上方時，兩臂要積極伸直，隨後把一腿放在平衡木上，頭部後仰。

**練習建議：**在平地上練習，熟練後再在平衡木上練習。

**安全提示：**保護者站在練習者左側，用左手抓住其上

臂，右手拖住其後舉的腿。

## ⑥ 平衡木上轉體 180°接燕式平衡

**動作方法：**站在平衡木上，一腿前擺轉體 180°，轉體後接燕式平衡。

**練習建議：**先分別練習轉體 180°和燕式平衡動作，練習熟練之後再在平衡木上練習。

**安全提示：**平衡木一定要穩定和牢固。

## ⑦ 塔型平衡

**動作方法：**10 人成三角形站立，甲號 4 名同時成蹲撐（背要平、低頭），靠近。乙號 3 名同時上至甲號隊員的

背上，左右兩腿分別跪於甲的兩人的背上。丙號 2 人由踩蹬甲乙背部的間隙，上至乙號隊員成跪撐，也是一腿跪一人。丁號隊員按丙號方法蹬至丙的背上，一腳踏一人並迅速站立。

**練習建議：**在練習過程中逐漸增加高度，開始階段可以在教師的保護幫助下完成動作。

**安全提示：**每個同學蹲撐要穩固，學會協調用力。

## ⑧ 一套組合的練習

**動作方法：**依次利用繩索、長木、長凳、箱子、雙槓、單槓、蹺蹺板等做平衡動作練習。

**練習建議：**在熟練掌握各種單獨動作的基礎上再進行組合練習。

**安全提示**：在練習過程中注意動作之間的銜接，在銜接過程中要維持好身體平衡。

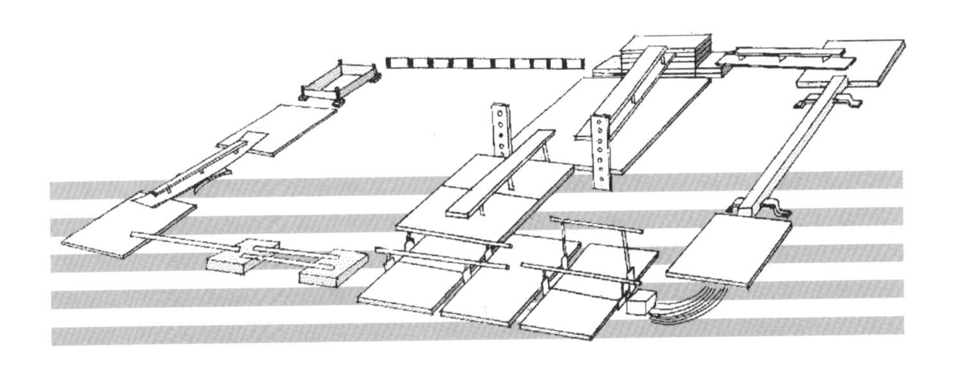

國家圖書館出版品預行編目資料

新編小學生健身活動 / 毛振明 主編
——初版，——臺北市，大展，2009〔民 98.07〕
面；21 公分 ——（運動遊戲；16）
ISBN 978-957-468-693-3（平裝）
1.體育教學 2.健身運動 3.小學教學
523.37 98007654

# 新編小學生健身活動

主　　編／毛 振 明
責任編輯／劉　沂
發 行 人／蔡 森 明
出 版 者／大展出版社有限公司
社　　址／台北市北投區（石牌）致遠一路 2 段 12 巷 1 號
電　　話／（02）28236031・28236033・28233123
傳　　眞／（02）28272069
郵政劃撥／01669551
網　　址／www.dah-jaan.com.tw
E-mail ／service@dah-jaan.com.tw
登 記 證／局版臺業字第 2171 號
承 印 者／傳興印刷有限公司
裝　　訂／建鑫裝訂有限公司
排 版 者／弘益電腦排版有限公司
授 權 者／北京人民體育出版社
初版 1 刷／2009 年（民 98 年）7 月

定　價／180 元

大展好書　好書大展
品嘗好書　冠群可期